Hauptschule Bayern

Das Hirschgraben Deutschbuch

8

Arbeitsheft

Erarbeitet von
Marion Bruckmeier, Straubing
Ulrich Glaser, Marktredwitz
Claudia Kraus, Nürnberg

Cornelsen

Bildquellen: **Titelfoto:** Thomas Schulz, Berlin **S. 6** Buchcover: Meine schöne Schwester. Arena Verlag, Würzburg 2001 **S. 14/15** © Susanne Parth: Tüten, Beutel, Tragetaschen. Waxmann Verlag 2001, Münster **S. 16** dpa, Berlin **S. 20** AKG, Berlin **S. 22** Levi-Strauss-Museum, Buttenheim **S. 24** Picture Press, Hamburg **S. 26** (oben) Picture Press, Hamburg, (unten) Deutsches Zentrum für Luft-und Raumfahrt (DLR e. V.), Weßling **S. 3, 28** AKG, Berlin **S. 3, 30** oben und unten: AKG, Berlin **S. 31** Merian Toskana, Jahreszeiten Verlag, Hamburg/iPublish München **S. 32** Buchcover: Monsieur Ibrahim und die Blumen des Koran. Ammann Verlag & Co. Zürich 2003 **S. 42** picture-alliance, Frankfurt/M. **S. 47** Forenlink: http://www.inside-handy.de/forum/thread-7265.html **S. 46** picture-alliance, Frankfurt/M. **S. 48** Agentur Ostkreuz (Harald Hauswald), Berlin **S. 49/50** AKG, Berlin **S. 74** Bernd Gässler, Oberursel **S. 77** (oben) David Ausserhofer, Berlin, (unten) Thomas Schulz, Berlin

Textquellen: **S. 6 ff.** Brigitte Blobel: Meine schöne Schwester. Aus: dies.: Meine schöne Schwester. Würzburg, Arena Verlag 2001 **S. 48 ff. S. 12** Johannes Latsch: Zwei Griffe prägen die Welt des Handels. Aus: Sonntagsblitz. Sonderblatt der Nürnberger Nachrichten vom 27. 10. 2002 **S. 15/16** Eine Handtasche aus Milchtüten. Nach: Nürnberger Nachrichten vom 21./22. 09. 2002 **S. 20** Horst M. Auer: Arbeiterhose und Kultobjekt. Nach: Nürnberger Nachrichten vom 18. 08. 2000 **S. 19/24** Wolfgang Gessler: Was unterscheidet Monsterwellen von Tsunamis? Aus: P. M. Perspektive, München: Gruner + Jahr, Januar 2005, **S. 22/26** Kosta Schinarakis: Monsterwellen und Tsunamis: Wie kann man sie rechtzeitig aufspüren? Aus: P. M. Perspektive, München: Gruner + Jahr, Januar 2005 S. 24 **S. 28** Mona Lisas „Vater". Aus: Schuljugendzeitschrift Floh. Nr. 23 vom 5. 10. 1987. München (Domino Verlag) 1987 **S. 30** Leonardo da Vinci (oben). Aus: Der Jugend-Brockhaus. Band 2 Mannheim (Bibliographisches Institut & F. A. Brockhaus) 1985. **S. 218** Leonardo da Vinci (unten und S. 31). Aus: Microsoft Encarta Enzyklopädie 2001. © 1993–2000 Microsoft Corporation **S. 31** Der Begriff „Renaissance". Aus: Das Konsumverhalten in der Renaissance. Aus: Microsoft Encarta Enzyklopädie 2001. © 1993–2000 Microsoft Corporation **S. 32 ff.** Eric-Emmanuel Schmitt: Monsieur Ibrahim und die Blumen des Koran. Zürich, Ammann Verlag & Co. 2003, S. 28 ff. **S. 37 ff.** Max Bollinger: Sonntag. Aus: Hans Frevert/Wolfgang Klein (Hg.), Wir leben von der Hoffnung. Gedanken, Gedichte und Erzählungen für junge Menschen unserer Zeit. Baden-Baden, Signal Verlag, 1985, S. 54–56 **S. 42** Neue Initiative für Schuluniform. Nach: Straubinger Wochenblatt, 13. 04.05, S. 3 **S. 46** Jugendliche sollen vor Handy-Schulden besser geschützt werden. Aus: http://www.inside-handy.de/news/2718.html **S. 47** Forenlink: http://www.inside-handy.de/forum/thread-7265.html **S. 73** (oben) Starke Herzen. Aus: Nürnberger Nachrichten Magazin am Wochenende vom 5./6. 03. 05, S. 5. (unten) Schlauer Fuchs. Nach: Nürnberger Nachrichten Magazin am Wochenende vom 16./17. 04. 05, S. 5 **S. 74** Checkliste gekürzt nach: FahrRad-Kalender 1998, 9. Jg. Verlag Die Werkstatt, Göttingen 1997, S. 208 f. **S. 77** Warum soll ich lesen? Aus: Jugendseite der Nürnberger Zeitung Nr. 226 vom 28. 09. 01.

Illustrationen: Thomas Binder, Magdeburg: S. 66; Maja Bohn, Berlin: S. 3, 4, 8, 12, 32, 34, 37, 39, 51, 52, 55, 57, 58, 59; Sylvia Graupner, Annaberg: Titelillustration, S. 10, 11; Franz Zauleck, Berlin: S. 60, 61, 67, 68

Redaktion: Susanne Schulze
Umschlaggestaltung: Katrin Nehm
Layout und technische Umsetzung: Brigitte Ehret · Grafikdesign, Berlin

www.cornelsen.de

1. Auflage, 2. Druck 2006/06

Druck: H. Heenemann, Berlin

ISBN-13: 978-3-464-60471-7
ISBN-10: 3-464-60471-3

Inhalt gedruckt auf säurefreiem Papier aus nachhaltiger Forstwirtschaft.

Cornelsen

Hauptschule Bayern

Das Hirschgraben Deutschbuch 8

Lösungen

Seite 7

1b Beate, Dana, Kerstin, Thomas, Lilly, Angela, Heidi, die Sportlehrerin

1c

Beate (Schwester) ↔ Dana (Daniela)
Kerstin (Freundin) ↔ Dana (Daniela)
Thomas (Verehrer von Danas Schwester) ↔ Dana (Daniela)
Lilly (Klassenkameradin) ↔ Dana (Daniela)
Angela (Klassenkameradin) ↔ Dana (Daniela)
Heidi (Klassenkameradin) ↔ Dana (Daniela)
Sportlehrerin ↔ Dana (Daniela)

Seite 8

2 Auf dem Weg zur Turnhalle (Z. 1–2)
Im Umkleideraum (Z. 34)
In der Turnhalle (Z. 58)

3 zum Beispiel:
wörtliche Rede: „Kann man nicht mal ein Fenster aufmachen?“, fragte sie mürrisch.
Gedankenwiedergabe: Dana merkte sehr deutlich, dass …
Beschreibung von Mimik, Gestik …: Dana schaute sie herausfordernd an.
Vergleiche: … wie ein Nilpferd.

Seite 9

4a zum Beispiel: Heidi

4b Heidi:
- führt sich im Sport auf wie ein Star
- hat alle Sportabzeichen bestanden
- hat den Körper einer Akrobatin
- ihre Gymnastik ist eine Show
- macht spöttische Bemerkungen

5 zum Beispiel:
Wo? Turnwettbewerb, Schule
Wer? Heidis Trainerin, Dana, Thomas
Was? Heidi erreicht in einem Turnwettbewerb nur den dritten Platz.
Heidi und ihre Trainerin streiten sich. Heidi hat in der Schule schlechte Laune.
Sie kann Dana nicht leiden, weil sie so dick und unbeweglich ist. Sie verspottet Dana immer wieder. Thomas bekommt das auf dem Schulhof mit. Er verteidigt Dana.

Seite 10

1a „Thomas Bauer“, meldete ich mich ...

1b zum Beispiel:
Thomas sah gedankenverloren in die Gegend. Ich fragte mich, was wohl gerade in seinem Kopf vorging, als plötzlich das Telefon klingelte. Er meldete sich mit „Thomas Bauer“ und sah plötzlich sehr überrascht aus. Es war Dana. „Bilde dir ja keine Schwachheiten ein, bloß weil ich dich anrufe!“, hörte ich aus dem Hörer. Thomas brauchte einen Moment. Als er sich wieder gefasst hatte, antwortete er ...

2a Zeitform: Vergangenheit

2b zum Beispiel:
traf, hatte, hasste, gelang, kugelte, drückte, begann, war, zwängte, kam

Seite 11

5a Zeile 1: fragt; Zeile 5: ist; Zeile 8: werde; Zeile 9: streckt; Zeile 10: sehen, ist; Zeile 11: aber aufgeregt bin ich doch, sage ich; Zeile 12: sagte; Zeile 13: sagte; Zeile 15: sagt; Zeile 17: sagte

5b fragte, war, würde, streckte, sahen/sehen, konnten, war, trotzdem bin ich aufgeregt, sagte Heidi, meinte, antwortete, sagte/unterbrach, fragte

5c zum Beispiel:
Wechsel in der Zeit (Wechsel in die Gegenwart), Wortwiederholung (zweimal „aber“ hintereinander, mehrfach „sagte“ hintereinander)

Seite 13

1a zum Beispiel:
Die bewegte Geschichte der Tüte

1b Abschnitt 1: „Sie ist handlich (...)“
Abschnitt 2: „Zwar haben Historiker (...)“
Abschnitt 3: „Der Industrieverband (...)“
Abschnitt 4: „Die Plastiktaschen aus Polyäthylen (...)“
Abschnitt 5: „Mittlerweile aber (...)“
Abschnitt 6: „Der Marketingberater (...)“
Abschnitt 7: „Von welchen Typen auch immer (...)“

2a effektiver, Historiker, Varianten, revolutionär, Imageproblem, Branche, Marketingberater, Phänomen, Prestige, Ökologie, Provokateur, Manager

2b effektiv (Z. 5), Historiker (Z. 6), revolutionär (Z. 13), Image (Z. 19), Branche (Z. 22), Marketingberater (Z. 24), Phänomen (Z. 24), Prestige (Z. 25), Ökologie (Z. 28), Provokateur (Z. 30)

Seite 14

3a zum Beispiel:
A: Wer stellte die erste Tragetasche mit zwei Henkeln und festem Boden her?
B: Wann stellte er diese Tragetasche her?
C: Warum hatte die Tüte damals Erfolg?
D: Welche Rolle spielte die Tüte knapp 60 Jahre später?
E: Wodurch geriet die Plastiktüte Ende der 1970er-Jahre in Verruf?
F: Wie hat Björn Stüwe in seiner Studie die „Tütentypen“ beschrieben?

3b zum Beispiel:
A: Z. 1/2, B: Z. 9/10, C: Z. 11–13, D: Z. 14/15, E: Z. 20, F: Z. 25–31

Seite 14 **4a** zum Beispiel:
Abschnitt 1: erste Tragetasche, Wiener Fabrikant Max Schuschny
Abschnitt 2: Vorläufer, Steinzeit, 18. Jahrhundert, Geburtsjahr 1902
Abschnitt 3: Kaufhäuser, Ende 19. Jahrhundert, 60 Jahre später, Lebensmittel-Selbstbedienungsläden
Abschnitt 4: Imageproblem, 1970er-Jahre, Müllverursacher
Abschnitt 5: Umweltaktivitäten, Aufklärungsarbeit
Abschnitt 6: Studie, Tütentypen
Abschnitt 7: Deutschland, Gesamtwert, 300 Millionen Euro

Seite 15 **4b** zum Beispiel:
Abschnitt 1: „... mit zwei Henkeln und festem Boden (...) die Vorläuferin der modernen Plastiktüte." (Z. 2/3)
Abschnitt 2: „Zwar haben Historiker gefaltete Blätter, Tierhörner und Tierblasen (...) als Vorläufer moderner Tüten geortet (...) im 18. Jahrhundert kamen die ersten Papiertaschen auf." (Z. 6–8)
Abschnitt 3: „Die Entwicklung der Lebensmittel-Selbstbedienungsläden (...) wäre ohne die Tragetasche nicht machbar gewesen'." (Z. 14/15)
Abschnitt 4: „Die Plastiktaschen aus Polyäthylen, einer Kohlenwasserstoffverbindung aus Erdöl (...)" (Z. 16)
Abschnitt 5: „(...), ‚dass man heute die Tragetasche mit wirklich gutem Gewissen trägt und sich mit ihr in der Öffentlichkeit zeigt'." (Z. 22–24)
Abschnitt 6: „Der Marketingberater und Wissenschaftler Björn Stüwe (...)" (Z. 24), „Der ‚Prestige-Orientierte' (...). Der ‚Sorglose' (...) der ‚Ökologie-Orientierte' (...). Der ‚Provokateur' (...)." (Z. 25–30)
Abschnitt 7: „(...) jährlich werden in Deutschland rund fünf Milliarden Tragetaschen verbraucht." (Z. 32)

4c zum Beispiel:
Steinzeit: Vorläufer
18. Jahrhundert: —
Ende 19. Jahrhundert: Kaufhäuser
1902: Geburtsjahr, erste Tragetasche, Wiener Fabrikant Max Schuschny
ca. 1960: Lebensmittel-Selbstbedienungsläden
ca. 1970: Imageproblem, Müllverursacher, Umweltaktivitäten, Aufklärungsarbeit
ca. 2000: Studie, Tütentypen, Deutschland, Gesamtwert, 300 Millionen Euro

5 sorgfältig/gründlich, Abschnitte, Fremdwörter, Fragen, stellen, Antworten, Schlüsselwörter

Seite 17 **1a** Wer ist Michael Wuerges? (Kopfzeile, Z. 12)
Welche „spinnerte" Idee hatte Michael Wuerges? (Überschrift, Z. 2, Z. 6/7)
Warum finden die Leute die Idee nicht mehr „spinnert"? (Z. 3–6)
Wo werden die „Tetra-Bags" angefertigt? (Z. 10/11)
Wer stellt diese Produkte her? (Z. 13/14, Z. 26–31)
Woraus werden „Tetra-Bags" gemacht? (Z. 31–33)
Warum verkaufen sich die „Tetra-Bags" so gut? (Z. 22–25)
Wie schützt sich Wuerges vor Nachahmern? (Z. 36–38)

Seite 18

2a skeptisch: zweifelnd, zurückhaltend
Kultobjekte: Dinge, die „in“ sind und von vielen Menschen gleichzeitig sehr (übertrieben) verehrt werden
Kreationen: Schöpfungen
limitiert: (in der Anzahl) begrenzt
Initiative: eine Gruppe, die sich sozial engagiert
Manufaktur: ein Unternehmen, in dem in Handarbeit produziert wird
Kultstatus: Etwas hat Kultstatus, wenn es absolut „in“ ist und von vielen Menschen gleichzeitig sehr (übertrieben) verehrt wird.
Nobelaccessoires: schickes, teures Zubehör zur Mode
weiterqualifiziert: weitergebildet
Produktpiraten: Menschen, die ein Produkt nachmachen und dann als neue, eigene Produktion verkaufen
patentieren lassen: eine Erfindung bzw. ein Produkt rechtlich schützen lassen, damit niemand es nachmachen und selbst verkaufen kann

Seite 19

2c Kult/objekte, Kult/status, Nobel/accessoires, weiter/qualifiziert, Produkt/piraten

2d **Kult:** Verehrung, übertriebene Verehrung
Objekt: Gegenstand

3a „(...) drehte sich langsam der Wind.“
zum Beispiel:
(...), änderte sich langsam die Meinung der Leute.

3b Tetra: erinnert an die Milch- und Saftverpackungen von Tetra-Pak
Bag: ist englisch und heißt „Tasche“ oder „Beutel“

Seite 21

1 Das Leben der Privatperson Levi Strauss: Z. 19, Z. 25/26, Z. 44–48, Z. 54–62
Das Levi-Strauss-Museum in Buttenheim: Z. 13–18, Z. 23–53
Das Produkt und der geschäftliche Erfolg dieser Idee: Z. 1–12, Z. 63–74

2 zum Beispiel:

Privatperson:	Wo wurde Levi Strauss geboren?	Z. 21, 54/55
	Wann wanderte er nach Nordamerika aus?	Z. 59
Museum:	Wo ist das Museum entstanden?	Z. 14, 15–18
	Was hat das Museum gekostet?	Z. 26–29
Produkt:	Woraus bestand die Urform der Jeans?	Z. 64–70
	Wozu diente die Jeans ursprünglich?	Z. 69

3a Methode 1: unwichtige Informationen wegstreichen
Methode 2: Schlüsselwörter markieren

Seite 22

4

Name:	Levi „Löb“ Strauss
Geburtsdatum/-ort:	26. Februar 1829, Buttenheim
Eltern:	Vater ist Hausierer, Mutter heißt Rebecca
Geschwister:	zwei Schwestern
beruflicher Werdegang:	vom armen Einwanderer und Kleinkrämer zum Millionär

Seite 23

6a/b Informationen aus dem Text: Jeans sind sehr strapazierfähig, früher als Arbeitskleidung (Bergwerk, Goldgräber), heute als moderne Hose

7a Den Text gründlich lesen, Abschnitte markieren, Fremdwörter klären, W-Fragen stellen und Antworten im Text suchen, Schlüsselwörter markieren.

Seite 23

7b Wörterbuch; zerlegen; die Erklärung, die am besten auf den gesuchten Begriff zutrifft; Zusammensetzungen

7c Teilthemen, Stellen, Hervorheben, das Wegstreichen unwichtiger Informationen oder das Markieren von Schlüsselwörtern

Seite 25

1 Tsunamis: durch Seebeben senkt/hebt sich Meeresgrund, sich schnell ausbreitende Welle entsteht
Monsterwelle: Wellen aus unterschiedlichen Richtungen treffen bei Sturm aufeinander, türmen sich auf, Grund sind Wind und Strömungen

2 Warum nehmen Schiffe Tsunamis kaum wahr? Schiffe nehmen Tsunamis kaum wahr, weil diese Wellen sehr lang und kaum höher als einen Meter sind.
Welche Auswirkungen hat ein Tsunami an den Küsten? An den Küsten ist ein Tsunami sehr gefährlich, weil es dort flacher ist und sich die Wellenfront bis zu 60 Meter hoch stauen kann.
Welche waren die größten Tsunamikatastrophen in den letzten zehn Jahren?
Die zwei größten Katastrophen waren die am 17. Juli 1998 in Papua-Neuguinea (fast 2 500 Tote) und die am 26. Dezember 2004 im Süden und Südosten Asiens (mehr als 280 000 Tote).

Seite 25

3a Seebeben: See und Beben – im Meer bebt die Erde
Wasserwand: Wasser und Wand – Wasser staut sich so hoch auf wie eine Wand
Felssturz: Fels und Sturz – Teile eines Felsens stürzen in sich zusammen

3b zum Beispiel:
An der flachen Küste wird die vordere Wellenlinie rasch langsamer, das folgende Wasser läuft auf und staut sich bis zu 60 Meter hoch. Folge: Ganze Küstengebiete können verwüstet werden, wie am 17. Juli 1998 in Papua-Neuguinea (fast 2 500 Tote) und bei dem großen Unglück am 26. Dezember 2004 im Süden und Südosten Asiens (mehr als 280 000 Tote).

Seite 27

1 Abschnitt 1: Für Monsterwellen gibt es zur Frühwarnung nur ein Radarsystem für Schiffe, das keine einzelne Riesenwelle aufspüren kann.
Abschnitt 2: Der Satellit Envisat beobachtet Monsterwellen und seine Daten werden genutzt, um eine Karte der gefährlichen Regionen zu erstellen.
Abschnitt 3: Für Tsunamis gibt es ein gut funktionierendes Frühwarnsystem.
Abschnitt 4: Das Frühwarnsystem funktioniert bisher nur für den Pazifik und soll auf andere Ozeane übertragen werden.

2 perfekt: vollkommen; Position: Stellung/Lage; Station: Beobachtungsstelle; informieren: benachrichtigen; identifizieren: erkennen/feststellen; Sensoren: elektronische Fühler; Ozean: Weltmeer: Seismografen: Erdbebenmessgeräte; System: Gesamtheit von Teilen, die zusammenwirken

3 Seebeben, Seismografen, Warnzentrum, verschiedene Sensoren, Echolot-Bojen, Sensoren am Meeresboden, GPS-Bojen, Satellit, Computer, erste Warnung, Tsunami, überwacht

Seite 29

1b Universalgenie: ein äußerst begabter und schöpferischer Mensch, der auf vielen verschiedenen Gebieten Großes leistet
Renaissance: die Zeit vom 14. bis zum 16. Jahrhundert, in der die Wissenschaften und Künste eine große Blüte erlebten

Seite 29

2a Z. 20–31

2b zum Beispiel:
- Vogelflug – Vorbild für erste Flugmaschine: Flügelpaar aus Holz, mit Stoff bespannt und mit Federn beklebt, an den Schultern befestigt
- Vorwegnahme heutiger Flugzeuge: erste Flugmaschine hatte bewegliche Türchen zur Regelung des Luftwiderstands
- Muskelkraft allein zum Fliegen nicht ausreichend, verschiedene Vorrichtungen mussten zusätzlich betätigt werden

3 **Die Zeit, in der Leonardo da Vinci lebte**
große Mode, allumfassend gelehrt zu sein, kein Strom, keine Motoren
Bereiche, in denen er große Leistungen erbrachte
Dichtung, Malerei, Bildhauerei, Naturwissenschaften, Medizin, Technik
Erfindungen Leonardo da Vincis
Flugmaschinen, Prinzip des Hubschraubers, Bratenwender (Drehgrill), Kompass, „Wasserskier", Rettungsring, Prinzip des Fallschirms, Kriegsmaschinen (z. B. Schleudern für Geschosse)
Kenntnisse Leonardo da Vincis über die Luftfahrt
Beobachtung des Vogelflugs, Kenntnisse über Luftwiderstand

Seite 31

4a Lexikonartikel 1: Z. 1 („Architekt"), Z. 5–19, Z. 20/21
Lexikonartikel 2: Z. 1–11, Z. 12–16
Lexikonartikel 3: Z. 5–18

4c zum Beispiel:
Das Leben Leonardo da Vincis
Leonardo da Vinci als großer Maler und Bildhauer

5a
1. Die Zeit, in der Leonardo da Vinci lebte
2. Das Leben Leonardo da Vincis
3. Bereiche, in denen er große Leistungen vollbrachte
4. Leonardo da Vinci als großer Maler und Bildhauer
5. Kenntnisse Leonardo da Vincis über die Luftfahrt
6. Erfindungen Leonardo da Vincis

Seite 32

1b zum Beispiel:
- Moses („Momo"), ein jüdischer Junge, besucht täglich Monsieur Ibrahim, einen arabischen Ladenbesitzer.
- Monsieur Ibrahim erklärt Momo, dass Lächeln glücklich macht.
- Momo probiert es aus und hat Erfolg: Alle sind freundlich zu ihm.
- Nur Momos Vater enttäuscht ihn (Zahnspange).

Seite 34

1c zum Beispiel:
Lächeln macht glücklich oder *Enttäuschte Hoffnung*

Seite 35

1d

Wen?	Warum?	Reaktion?
Mathematiklehrerin	Er hat die Aufgabe nicht verstanden.	Sie erklärt die Aufgabe noch einmal.
Kantinenhelferin	Er möchte mehr Nachtisch.	Er bekommt mehr Nachtisch.
Sportlehrer	Er hat seine Turnschuhe vergessen.	Der Lehrer lacht und klopft ihm auf die Schulter.

Seite 35

2 ... das waren Sachen, die ich im Geheimfach meines Kopfes versteckte ... (Z. 4 f.): Momo denkt nicht gern an diese Sachen. Niemand außer ihm darf davon wissen.
Diese Frage traf mich wie ein Faustschlag ins Gesicht ... (Z. 8): Diese Frage ist sehr schmerzhaft für Momo. Er kann nicht sofort reagieren.
Am nächsten Tag benehme ich mich wie ein Blöder, als ob mich in der Nacht was gestochen hätte ... (Z. 32/33): Momo verhält sich ganz anders als sonst, in seinen Augen wie jemand, der plötzlich etwas verrückt geworden ist.

Seite 36

3 **Momo und sein Vater:** Momos Vater gibt ihm nicht viel Liebe und Selbstvertrauen; er zeigt ihm immer wieder, dass er seinen älteren Bruder vorgezogen hätte; Momo hat sich sein Misstrauen den Menschen gegenüber abgeguckt; er ist enttäuscht von seinem Vater und sucht Abstand. (Inhaltsangabe: Z. 2/3, Text: Z. 1/2, Z. 55–75, Z. 76/77)
Momo und Monsieur Ibrahim: Monsieur Ibrahim ist sehr ehrlich zu Momo, bringt ihm Gutes über das Leben bei; Momo vertraut ihm, sieht in ihm einen Vaterersatz. (Z. 7–31, Z. 76/77)
Momos Vater und Monsieur Ibrahim: Monsieur Ibrahim verurteilt Momos Vater nicht, versucht aber, seinem Vorbild für Momo entgegenzuwirken. (Inhaltsangabe: Z. 11–13, Text: Z. 25–28)

Seite 40

1b Daniela geht am Sonntagvormittag in die Kirche, dann trifft sie sich mit ihrem Vater. Sie gehen essen und machen einen Ausflug. Das Verhältnis ist nicht eng. Daniela belügt ihren Vater, was ihre Schulnoten und ihren Freund angeht. Auch auf ihre Mutter ist sie nicht gut zu sprechen. Sie übersteht den Tag mehr, als ihn zu genießen.

2 „Riz colonial" (Z. 20): ein Gericht aus Reis mit Fleisch und Früchten
„Well, I left my happy home to see what I could find out ..." (Z. 95): Ich habe mein glückliches Zuhause verlassen, um herauszufinden, wie die Welt wirklich ist.

3 **Daniela und ihre Mutter:** Danielas Verhältnis zu ihrer Mutter ist nicht sehr eng. Die Mutter scheint nicht viel Interesse an Daniela zu haben. Sie ist sehr auf sich konzentriert. Daniela fühlt sich unverstanden und reagiert aggressiv. (Z. 65–68, Z. 71–77, Z. 80/81)
Daniela und ihr Vater: Danielas Verhältnis zu ihrem Vater ist distanziert. Er kennt sie kaum, erinnert sich nicht an ihr Alter. Sie gibt nichts von sich preis (Schulnoten, Freund), ist aber neugierig und findet es gut, dass er mit ihr umgeht wie mit einer Erwachsenen. Sie erwartet mehr von ihm und wird enttäuscht. (Z. 11–16, Z. 23–25, Z. 38–44, Z. 48–56, Z. 60–63, Z. 69–74)

3b zum Beispiel:
Momo und Daniela fühlen sich beide von ihren Eltern unverstanden und nicht wirklich geliebt. Sie müssen beide um Zuneigung kämpfen und scheitern daran, dass ihre Eltern nicht mit ihrer Vergangenheit zurechtkommen. Sie benutzen ihre Kinder als Ventil bzw. als Spielball für ungelöste Beziehungsprobleme. Momo und Daniela flüchten in Ersatzbeziehungen.

Seite 43

1a **für Schulkleidung:** Modewettbewerb unter Schülern wird eingeschränkt; engere Beziehung zwischen Schule und Schülern; stärkeres Gemeinschaftsgefühl; Lern- und Arbeitsklima wird positiv beeinflusst; zu lockere Kleidung wird reguliert; ist für Eltern billiger
gegen Schulkleidung: keine Tradition mit Schuluniformen; Individualität geht verloren

Seite 44 **2b** **Simon S.:** Kontra: auch kleine Accessoires können Statussymbol sein, Kleidung wird nicht billiger, weil man für die Freizeit noch zusätzliche einkaufen muss
Sabine K.: Pro: soziale Unterschiede werden verdeckt, Identifikation mit der Schule wird stärker, Uniform muss nicht langweilig sein
Kontra: zu viele Vorschriften
Christina P.: Pro: weniger Hänseleien, wenn man falsche Marke trägt
Kontra: nicht alles steht allen gleich gut
Frank P.: Kontra: persönliche Individualität kommt nicht zum Ausdruck

3 K, P, K, P, K, ?, P, ?, P, K, K, P, ?

Seite 45 **4a** Die Schreiberin findet Schulkleidung gut. Man sollte sie wenigstens ausprobieren. In vielen Ländern gibt es Schuluniformen. Sie geben ein Gefühl der Gemeinsamkeit und Identität. Jeder Mensch hat seinen eigenen Charakter, den er auch bei Einheitskleidung zur Geltung bringen kann.

4b zum Beispiel:
- Nur weil es woanders Schuluniformen gibt, heißt das nicht, dass sie hier genauso gut funktionieren.
- Individualität kommt auch in der Kleidung zum Ausdruck. Mit Uniform bleibt für die Persönlichkeit weniger Platz.
- Identifikation mit der Schule und Gemeinschaftsgefühl gibt es auch ohne Schuluniform.
- Einheitskleidung führt zu Einheitsdenken: Man muss sich unterordnen und wer der Schuldoktrin nicht folgen will, muss gehen.

4c Persönlichkeit trotz Einheitskleidung

Seite 46 **1a** Sie müssen davor geschützt werden, beim Handytelefonieren in die Schuldenfalle zu tappen.

1b Sie können die Kosten für das Telefonieren mit dem Handy nicht ausreichend beurteilen.

Seite 47 **3a** Kenny ist dafür. Naana ist dagegen. Stanley ist dafür.

3b Naana, 03.05.05: **Selbstkontrolle ist besser**
Ich habe den Beitrag über die Vorschläge von Verbraucherschutzminister Schnappauf gelesen. Ich teile seine Ansicht nicht, denn ich finde, dass jeder seine Handykosten selbst kontrollieren kann.
Stanley, 03.05.05: **Ich brauche Kontrolle**
Den Beitrag über die Vorschläge von Verbraucherminister Schnappauf fand ich sehr interessant. Ich bin ganz seiner Meinung, denn ich habe bei mir selbst festgestellt, dass ich nicht unter Kontrolle habe, wie viel Geld ich vertelefoniere. Ich kann diese Maßnahmen echt gut brauchen.

Seite 48 **1a** in eine Wand eingekratzte Inschrift; Wandkritzelei; auf Mauern, Fassaden o.Ä. gesprühte oder gemalte Parole oder Darstellung

1b bestimmter Artikel, unbestimmter Artikel, Possessivpronomen (besitzanzeigendes Fürwort), gedachter Artikel, Demonstrativpronomen (hinweisendes Fürwort), Präposition/verschmolzener Artikel, unbestimmtes Zahlwort

Seite 49 **2a** Nomen

2b der Großschreibung

Seite 49

3 **bestimmter Artikel + Nomen:** die Ägypter, die Forschung, die Graffititexte
unbestimmter Artikel + Nomen: eine Zeiterscheinung
„gedachter“ Artikel vor Nomen: Griechen, Mauern, Züge, Brücken, Botschaften, Graffiti, Römer, Ausgrabungen, Wandkritzeleien, Wissenschaftler, Tempeln, Stein
Präposition/verschmolzener Artikel + Nomen: zum Beispiel, vom Ausbruch
Demonstrativpronomen (hinweisendes Fürwort) + Nomen: diese Weise
Possessivpronomen (besitzanzeigendes Fürwort) + Nomen: unserer Tage
unbestimmtes Zahlwort + Nomen: zahllose Wandkritzeleien, wenig Aufmerksamkeit

Seite 50

4a die alten Ägypter — am westlichen Nilufer
von bescheidenem Umfang — eine beliebige Fläche

4b Die für die damalige Zeit erstaunlich großen Pilgergruppen …

4c zum Beispiel:
die neuen, frisch gestrichenen Wände; die über und über farbig bepinselten Mauern; die großen, von vielen Autofahrern genutzten Brücken; die internationale, von vielen Archäologen betriebene Forschung; die alten, wiederentdeckten und sorgfältig restaurierten Graffititexte

5b bestimmter Artikel, unbestimmter Artikel, Possessivpronomen, Demonstrativpronomen, unbestimmtes Zahlwort, Präposition/verschmolzener Artikel

Seite 51

6a jahrhunderts, jugendliche, spitznamen, lieferwagen, einwanderer, fahrten, abkürzung, namens, mauern, artikel, schriftzüge, resultat, wochen, vorbild, stellen, stadtbild, farbauftrag, freizeitbeschäftigung, abgrenzung, sprayer

6b Jahrhunderts, Jugendliche, Spitznamen, Lieferwagen, Einwanderer, Fahrten, Abkürzung, Namens, Mauern, Artikel, Schriftzüge, Resultat, Wochen, Vorbild, Stellen, Stadtbild, Farbauftrag, Freizeitbeschäftigung, Abgrenzung, Sprayer

Seite 52

1a Verben

1b das Tätowieren, das Bemalen, Zum Stechen, beim Experimentieren, zum Abschrecken, dem Tätowieren, das Aufmalen, sichern, einem raschen Anwachsen, am Tätowieren, das Entdecken, das Auswählen, machen, vermindern, beim Tätowieren, beim Abheilen, das vollständige Entfernen

1c Sie werden großgeschrieben.

1d sichern, machen, vermindern – sie werden weiter als Verben gebraucht und deshalb kleingeschrieben.

Seite 53

2 bestimmter Artikel, unbestimmter Artikel, Präposition/verschmolzener Artikel

3a zum Beispiel:

Begleitwort	eingeschobenes Wort	Nomen aus Verben
ein	dauerhaftes	Arbeiten
zum	gründlichen	Entfernen
dieses	schmerzlose	Reinigen
das	richtige	Pflegen
sein	sicheres	Abzielen
jenes	zufällige	Entdecken
alles	kunstvolle	Einfärben

Seite 53 **3b** zum Beispiel:

zum dauerhaften, schmerzlosen und sicheren Entfernen

alles kunstvolle, bunte und dauerhafte Einfärben

ein gründliches, sicheres und modernes Arbeiten

Seite 54 **4a/b** dem Tätowieren (best. Artikel + Nomen aus Verb); Beim Auswählen (Präposition/verschmolzener Artikel + Nomen aus Verb); aufsuchen (Verb); sorgfältiges Arbeiten (gedachter Artikel vor Nomen aus Verb); dem Tätowieren (best. Artikel + Nomen aus Verb); verzichten (Verb); beim Tätowieren (Präposition/verschmolzener Artikel + Nomen aus Verb); dem Tätowieren (best. Artikel + Nomen aus Verb); Zum Waschen (Präposition/verschmolzener Artikel + Nomen aus Verb); verwenden (Verb); mehrmaliges Eincremen (unbestimmtes Zahlwort + Nomen aus Verb); Beim Auftragen (Präposition/verschmolzener Artikel + Nomen aus Verb); reiben (Verb); zum Verheilen (Präposition/verschmolzener Artikel + Nomen aus Verb); meiden (Verb); des Abheilens (best. Artikel + Nomen aus Verb); kratzen (Verb); das Ablösen (best. Artikel + Nomen aus Verb); beschädigen (Verb); das Entfernen (best. Artikel + Nomen aus Verb)

Seite 55 **1a–c** nichts Neues, (etwas) Unvorhersehbares, allerlei Unspektakulärem, etwas Gummiartiges, (etwas) Zähes, das Bemerkenswerte, (etwas) Wissenswertes, manch Interessantes, (manch) Informatives, (etwas) Süßes, etwas Ungewöhnliches, etwas (...) Neues, ins Schwarze, aufs Neue, bei Jung (bei den Jungen), bei Alt (bei den Alten)

Seite 56 **1** zum Beispiel:
Das Kauen soll die Konzentration steigern. Von dieser Musik geht etwas Beruhigendes aus. Zum Entfernen braucht man einen Laser. Dieses Rot gefällt mir nicht. In diesem Buch steckt viel Außergewöhnliches. Alles Grüne erinnerte sie an die Bäume ihrer Heimat.

2a Nomen aus anderen Wortarten erkennt man an der Großschreibung.

2b zum Beispiel:

Begleitwort	**Nomen aus Verben oder Adjektiven, z. B.:**
bestimmter Artikel	der Dumme, die Schöne, das Tanzen
unbestimmter Artikel	ein fröhliches Feiern, ein schmerzloses Entfernen
„gedachter“ (ohne) Artikel	Wissenswertes, Informatives, Interessantes
Präposition/ verschmolzener Artikel	beim Kaugummikauen, zum Telefonieren, vom Schwimmen
Possessivpronomen (besitzanzeigendes Fürwort)	ihr Spielen, unser Tanzen, sein Arbeiten
Demonstrativpronomen (hinweisendes Fürwort)	dieses Trainieren, dieses Grün, dieses Tätowieren
unbestimmtes Zahlwort	vieles Außergewöhnliche, manche Weißen

Seite 57

3a Halten, unästhetisches, mahlen, wiederkäuen, positive, putzen, Ersetzen, abbauen, denken, kauen, abnehmen, rauchen, praktisches, vergnügen, schmatzen, entfernen, arbeit

3b halten, etwas Unästhetisches, das (...) Mahlen, das Wiederkäuen, das Positive, zum Putzen, ersetzen, beim Abbauen, das Denken, intensives Kauen, zum Abnehmen, das Rauchen, viel Praktisches, zum Vergnügen, das Schmatzen, das Entfernen, eine (...) Arbeit

Seite 58

1a Es sind 20 Wörter (ohne die beiden schon eingetragenen Bespiele).

1b Fremdwörter: die Argumentation, das Inserat, das Limit, der Import, die Fusion, die Taktik, die Finanzen, die Kontrolle, das Engagement, die Orientierung, die Kritik, das Risiko, die Praxis, die Garantie, die Qualifikation, das Minimum, der Motor, das Attest, der Transport, das Modell, die Produktion

1d Alle Wörter sind Nomen.

2a Verben: argumentieren, inserieren, limitieren, importieren, fusionieren, taktieren, finanzieren, kontrollieren, engagieren, orientieren, kritisieren, riskieren, praktizieren, garantieren, qualifizieren, minimieren, motorisieren, attestieren, transportieren, modellieren, produzieren

2b Alle Nachsilben sind gleich. Die Verben enden alle auf „-ieren".

3a/b Bedeutung: die Begründung/die Beweisführung, die Anzeige, die Grenze, die Einfuhr, die Verschmelzung/der Zusammenschluss, das berechnende Verhalten, die Geldmittel, die Überwachung, der persönliche Einsatz/die Anstellung, das Sichzurechtfinden, die Beurteilung/der Tadel, das Wagnis/die Gefahr, die Ausübung/die Erfahrung, die Gewährleistung/die Sicherheit, die Befähigung, das Mindeste, der Antrieb, das Gutachten, die Beförderung, das Vorbild/der Typ, die Herstellung

Seite 60

4 zum Beispiel:
das Exportwesen, der Autoexport, der Ölimport, das Importgeschäft, die Kernfusion, der Fusionsreaktor, die Qualitätskontrolle, die Warenkontrolle, der Tiertransport, das Transportunternehmen

6a/b zum Beispiel:
die Organisation – die Or-ga-ni-sa-ti-on, die Fusion – die Fu-si-on, die Argumentation – die Ar-gu-men-ta-ti-on, die Qualifikation – die Qua-li-fi-ka-ti-on, die Direktion – die Di-rek-ti-on, die Automation – die Au-to-ma-ti-on, die Lektion – die Lek-ti-on, die Funktion – die Funk-ti-on

Seite 61

6c zum Beispiel:
die Organisation: das Organisationsbüro
die Qualifikation: das Qualifikationsspiel
die Lektion: die Mathematiklektion
die Fusion: die Fusionsverhandlung
die Direktion: die Schuldirektion
die Funktion: die Funktionsstörung

7a/b

-age:	-eur	-ant
die Courage	der Flaneur	der Passant
die Cou-ra-ge	der Fla-neur	der Pas-sant
die Passage	der Transporteur	der Demonstrant
die Pas-sa-ge	der Trans-por-teur	der De-mons-trant
die Staffage	der Dompteur	der Praktikant
die Staf-fa-ge	der Domp-teur	der Prak-ti-kant

Seite 61

8

-iv	-al
naiv – kindlich	formal – auf die Form bezogen
informativ – aufschlussreich	diametral – entgegengesetzt
kooperativ – gemeinsam	genial – genieähnlich, großartig
	medial – auf die Medien bezogen

Seite 62

9a Pilot, versiert, Auto, markieren, Café, Diät, Etikett, imponieren, Shampoo, Alibi, Diktat, dressieren, Tempo

9c Auto, markieren, Café, Diät, Etikett, Alibi, Diktat, dressieren

9d zum Beispiel:
Pilot, versiert, markieren, Café, Diät, Etikett, imponieren, Shampoo, Alibi, Diktat, dressieren, Tempo

9e zum Beispiel:
Der Pilot landet das Flugzeug sanft. Im Auto ist Platz für vier Personen. Wir trinken im Café einen Kaffee und essen ein Stück Kuchen. Der Dompteur dressiert im Zirkus Löwen und Tiger.

Seite 63

1 Die **Idee** uns im Keller zu verstecken**,** kam von mir.
Anstat*t* hier stehen zu bleiben**,** sollten wir lieber losrennen.
Ich wartete **darauf,** den Fehler zu entdecken.
Ich ging mit ihm tanzen**, ohne** ihn zu kennen.
Dirks **Plan,** heimlich auszureißen**,** gefiel mir überhaupt nicht.
Um mehr über Istanbul zu erfahren**,** wollte ich das Buch lesen.
Die **Gelegenheit,** ihn zu treffen**,** wollte ich unbedingt nutzen.
Ich habe nicht im Traum **daran** gedacht**,** den ersten Preis zu gewinnen.
Sie muss **damit** leben**,** immer Schmerzen zu haben.

2 *Um* schnell nach Hause zu kommen**,** nahm ich ein Taxi.
Das Kind rannte über die Straße**,** *ohne* auf den Verkehr zu achten.
Es gibt nichts Schöneres**,** *als* bei dir zu sein.
Anstatt fleißig zu arbeiten**,** beschäftigte er sich mit Computerspielen.
Ich habe heute nichts vor**,** *außer* schwimmen zu gehen.
Statt die Aufgaben abzuschreiben**,** träumte er vor sich hin.

Seite 64

3a Lust auf einen Kinobesuch?
Letzte Woche hatten wir alle große Lust**,** ins Kino zu gehen. Wir brauchten lange**,** um uns für einen Film zu entscheiden. Alle diskutierten, welcher Film der beste wäre. Schließlich gelang es uns**,** uns auf einen Film zu einigen. Nur Katja hatte keine Lust**,** sich den Film anzusehen. Wir gingen dann ohne sie. Anke gab sich Mühe**,** pünktlich am Kino anzukommen. Sie war dennoch 20 Minuten zu spät. Ich wollte, dass einer die Karten vorbestellt**,** um uns das Warten an der Kasse zu ersparen. Leider hatte niemand Zeit**,** sich darum zu kümmern. Als wir endlich alle da waren, stand vor dem Kino eine endlose Schlange. Wir mussten eine halbe Stunde warten**,** um vorne an der Kasse zu stehen. Vorn angekommen, teilte man uns mit, dass man an dieser Kasse nur Cola und Popcorn kaufen könne und die Vorstellung bereits begonnen hätte. Um in die nächste Vorstellung zu gehen**,** hätten wir zwei weitere Stunden warten müssen. Für dieses Mal gaben wir die Idee**,** ins Kino zu gehen**,** auf.

3b *Anstatt jedoch nach Hause zu gehen, besprachen wir den weiteren Abend.*
Die anderen hatten noch Lust, beim Inder essen zu gehen.
Ich fasste den Entschluss, nicht mehr mitzukommen.

Deshalb beschloss ich, allein nach Hause zu fahren.
Ich brauchte eine Stunde, um nach Hause zu kommen.

Seite 65 1 Zum Beispiel:
Wir waren schon mittags in der Badeanstalt, denn wir hatten in der Schule hitzefrei.
Weil die Badeanstalt völlig überfüllt war, war der Sprungturm gesperrt.
Alle wollten auf Tobias' Decke liegen und Musik hören, da er ein Kofferradio dabei hatte.

Seite 65/66 2 Das Wasser war noch sehr kalt, als wir neulich im See badeten.
Unser Geld wurde gestohlen, während wir im Wasser waren.
Wenn es morgen nicht regnet, können wir ein Gartenfest machen.
Gestern bekamen wir in der Schule hitzefrei, weil wir über 32° im Schatten hatten.
Da die Klimaanlage eingeschaltet war, war es im Bus schön kühl.
Du musst Sonnencreme benutzen, damit du dir keinen Sonnenbrand holst.
Wenn am Abend hoch aufgetürmte Wolkenmassen drohen, wird es wohl ein Sommergewitter geben.

Seite 66 2 Man friert leicht, wenn man im Sommer nach dem Schwimmen aus dem Wasser kommt.
Lass eine Flasche Wasser und eine Flasche Alkohol über Nacht nebeneinander stehen, sodass sie am nächsten Morgen die gleiche Temperatur haben.
Gib einen Tropfen Wasser und einen Tropfen Alkohol nebeneinander auf eine Untertasse, damit du die Verdunstung beobachten kannst. Gieße dir einige Tropfen Wasser auf den einen Handrücken und einige Tropfen Alkohol auf den anderen. Wie fühlen sich die beiden Flüssigkeiten an? Der Alkohol fühlt sich bestimmt kälter an, weil er schneller verdunstet.
Wenn Flüssigkeiten verdunsten, entziehen sie deiner Haut Wärme.
Luft und Wind treffen auf den Körper und beschleunigen die Verdunstung, nachdem man aus dem Schwimmbecken gestiegen ist. Weil das Wasser dann sehr schnell verdunstet, friert man.

Seite 67 1a Rad fahren, Auto fahren, Gitarre spielen, Diät halten, Amok laufen, Angst haben, Grimasse schneiden, Rat geben, Schlange stehen

1b Klavier → Nomen, spielen → Verb

1c Nomen + Verb → meist Getrenntschreibung

1e Recht haben, Rat suchen, Zug fahren, Kuchen backen, Essen kochen

1f Verbindungen aus einem Nomen und einem Verb werden meistens getrennt geschrieben.

Seite 68 2 teilnehmen, bergsteigen, schlafwandeln, handarbeiten

3a das Amoklaufen, beim Zugfahren, beim Schlangestehen, zum Kuchenbacken, das Schlafwandeln

Seite 69 4a festnehmen, grün färben, fernsehen, leicht fallen, wahrsagen, hochrechnen, kleinschreiben, hoch springen

4b zum Beispiel:
Der Verdächtige wird festgenommen. Ich habe deine Hand fest in meine genommen.
Verben werden kleingeschrieben. Er kann ihren Brief kaum lesen, so klein hat sie geschrieben.

4c breitschlagen – überreden
gutschreiben – anrechnen
großschreiben – mit großem Anfangsbuchstaben schreiben
hochrechnen – vorausberechnen

Seite 69 **5a** Ergänze die Rechtschreibregel:
Verbindungen aus Adjektiv und Verb werden meist *getrennt* geschrieben, wenn sie wörtlich genommen einen Sinn ergeben.
Verbindungen aus Adjektiv und Verb werden *zusammengeschrieben,* wenn man sie gemeinsam nur im übertragenen Sinn verstehen kann.

Seite 70 **1a/b** Der FC zog in Dortmund den Kürzeren
Schüler gaben beim Lesewettbewerb ihr Bestes
Rätselhaftes wurde anschaulich erklärt (etwas Rätselhaftes)
Ein Scheitern der Verhandlungen wird erwartet
Polizei stellt Einbrecher beim Duschen am Tatort
Zum Auswechseln nicht bereit
Rauchen im Bahnhof ist nicht mehr erlaubt (Das Rauchen)
Topspieler trennte sich im Guten

Seite 71 **1** Das Gefühl, sich endlich entspannen zu können, war wunderbar.
Die Idee, ins Kino zu gehen, war gut.
Meinen Vorschlag, die Karten vorzubestellen, hätten wir umsetzen sollen.
Der Gedanke, in der falschen Reihe zu stehen, ist niemandem gekommen.
Die Entscheidung, allein nach Hause zu fahren, war doch nicht so gut.

2 Zum Beispiel:
Der Gedanke, ans Meer zu fahren, wurde verworfen.
Den Plan, Nudeln zu kochen, fand ich doof.
Die Versuchung, sie zu küssen, war sehr groß.
Die Gelegenheit, Spanisch zu lernen, wollte ich wahrnehmen.
Die Möglichkeit, tanzen zu gehen, wurde genutzt.

Seite 72 **1a/b** nütz|lich, Be|nutz|ung, nutz|en, nutz|bar, nutz, nutz|los, Ab|nutz|ung, Nütz|lich|keit, ab|nutz|en

2 **Nomen:** Versuchung, Arbeiter, Ärgernis, Wahrheit, Heiterkeit
Adjektive: erträglich, genügsam, unfassbar, anständig, endlos
Verben: entfernen, handeln, aufhellen, auflösen, langweilen

3

Nomen	Adjektiv	Verb
der Vertrag	verträglich	vertragen
das Wunder	wunderbar	wundern
die Trauer	traurig	trauern
der Bestand	beständig	bestehen
die Klage	kläglich	klagen
die Erholung	erholsam	erholen
der Zorn	zornig	zürnen
die Bewegung	beweglich	bewegen

Seite 73 **4** **abstrakte Nomen:** die Erwartung, der Grund, das Alter, das Schicksal
Adjektive in der Steigerungsform: höher, älter, stärkere
Verb in der Grundform (Infinitiv): büßen, werden, haben, müssen, abfinden, treiben
Pronomen: sie, ihm, ihres, ihr
zusammengesetzte Nomen: ein Forscherteam, die Lebenserwartung, die Pumpkraft, der Leistungsabfall

Seite 73

5 Wenn sie regelmäßig Sport treiben, wird ihr Herz frauenstark.
Ihr Herz wird frauenstark, wenn sie regelmäßig Sport treiben.

6 älteste – Adjektiv, weil – Konjunktion, Gesten – Nomen, menschliche – Adjektiv, obwohl – Konjunktion, Umgang – Nomen, gefördert wurde – Verb

Seite 74

1a Checkliste: eine Liste, auf der steht, was kontrolliert werden muss
Radtour: eine längere Fahrt mit dem Fahrrad
Reparatur: das Ausbessern oder Wiederherstellen von etwas, das fehlerhaft ist

1b Das Fremdwort ist der kürzere Ausdruck.

Seite 75

2 justieren: genau einstellen, einpassen, ausrichten
Bowdenzug: Drahtkabel zur Übertragung von Zugkräften
Ritzel: kleines Zahnrad

3 die Bremsarme: die Bremse – die Arme
der Höhenschlag: die Höhe – der Schlag
die Kettenblätter: die Kette – die Blätter

4

Wort	beim Fahrrad	andere Bedeutung
Mantel	Reifenhülle aus Gummi oder Textil	Kleidungsstück zum Überziehen
Gänge	Schaltstufen	lange Flure oder Korridore
Profil	Rillenart und -tiefe der Reifen	Seitenansicht des Gesichts, Umrisslinie, Querschnitt
Zähne	die einzelnen Spitzen am Zahnrad	Teil des Gebisses

5 zum Beispiel:
Der Reifenmantel umhüllt und schützt den Reifen so wie ein Mantel den menschlichen Körper. Die Zähne am Zahnrad erinnern an die spitzen Zähne in einem Gebiss. Die Kettenblätter sind flach wie Blätter an Bäumen. Die Bremsarme sind lang wie menschliche Arme und ihre Anbringung erinnert an Schultern.

Seite 76

1 In den letzten Jahren, vielerorts, auf natürliche Art und Weise, in kurzer Zeit, darum, hautnah, aus eigener Kraft, dadurch, ohne Zaudern, Beim gegenseitigen Abstützen, auf meterhohen Balken

2

Satzglied	Fragewort
adverbiale Bestimmung der Zeit	wann?
adverbiale Bestimmung des Grundes	warum?
adverbiale Bestimmung des Ortes	wo?
adverbiale Bestimmung der Art und Weise	wie?

3 In der letzten Zeit bin ich oft schwimmen gegangen. Anfangs hatte er viel Spaß beim Laufen. Ihr geht es vor allem darum, ein gutes Zeugnis zu haben. Er hat seine Prüfung nur dadurch bestanden, dass er täglich gelernt hat. Auf dem alten Schiff gab es nur Zwieback und Wasser. Wenn die Sonne scheint, sieht man vielerorts Menschen mit einem Sonnenbrand. Ohne nachzudenken, stieg sie in den Zug ein. Es ist nicht leicht, immer nur aus eigener Kraft zu lernen.

Seite 77

1 **Pluspunkt Buch/Zeitschrift (+):** man kann das Buch mitnehmen; manchmal macht Bücherlesen mehr Spaß
Pluspunkt Internet (+): mehr Informationen; billiger als ein Buch; immer aktuell; Surfen ist zeitsparender; Vielfalt an Informationen ermöglicht bessere Referate

Minuspunkt Buch/Zeitschrift (–): zu wenige Informationen; Zeitschrift von heute ist morgen nicht mehr zu gebrauchen
Minuspunkt Internet (–): man braucht immer einen Internetanschluss; nach ca. einer Stunde am Computer tun die Augen weh; es kann teuer werden, wenn man lange surft

Seite 78

2a A: Ich finde das Internet besser, weil es im Internet mehr Informationen gibt.
B: Obwohl ich einen Internetanschluss habe, lese ich gerne Bücher.

2b

Satz	Konjunktion	Aufgabe des Nebensatzes
A	weil	Grund
B	obwohl	Einschränkung

2c **Viviane:** (...) Außerdem ist das Internet billiger als ein Buch. (...) Man kann sich heute eine Zeitschrift kaufen und morgen braucht man sie nicht mehr, weil es dann wieder andere Informationen gibt (...)
Yasemin: Ich lese lieber ein Buch, weil ich das Buch überall mit hinnehmen kann und den Computer nicht, da man einen Anschluss fürs Internet braucht. Und wenn man ca. eine Stunde vor dem Computer sitzt, tun den meisten Menschen die Augen weh (...)
Jamie: (...) Das Internet kann auch ganz schön teuer werden, wenn man zum Beispiel den ganzen Tag vor dem PC sitzt (...)

3 **denn, da**
Man kann sich heute eine Zeitschrift kaufen und morgen braucht man sie nicht mehr, da es dann wieder andere Informationen gibt. Ich lese lieber ein Buch, denn das Buch kann ich überall mit hinnehmen (...)

4 zum Beispiel Z. 12:
Aber das Internet kann auch ganz schön teuer werden.
Doch das Internet kann auch ganz schön teuer werden.

Seite 80

1 Sie (...). Er (...). Sie (...). Er (...). Er (...).

2a Wohin geht der Flug? Warum kommt es fast zu einer Katastrophe? Für welchen Flug hat der junge Mann ein Ticket? Warum finden die Passagiere den jungen Mann abstoßend? Wann hat der junge Mann ein Flugzeug geflogen?

2b (...) Die Kurzgeschichte handelt von einem Flug (B). Bei dem Flug kommt es (D) fast zu einer Katastrophe. Ein junger Mann, der ein Flugticket (A) bei sich hat, steht auf dem Flugplatz. (...) Die Passagiere finden den jungen Mann (E) abstoßend. (...) Der junge Mann hat (C) ein Flugzeug geflogen.

3b „Der unerwünschte Passagier" ist eine Kurzgeschichte von W. Altendorf. Sie handelt von einem Flug nach Amsterdam, bei dem es wegen des Ausfalls der Crew fast zu einer Katastrophe kommt. Ein junger Mann, der ein Flugticket für diesen Flug bei sich hat, steht auf dem Flugplatz. Er sieht heruntergekommen und ausgehungert aus. Die Passagiere müssen ihre Plätze einnehmen. Sie finden den jungen Mann wegen seines Aussehens abstoßend. Der junge Mann ist begeistert von der Maschine, denn er hat früher im Krieg ein Flugzeug geflogen.

4 Das Passagierflugzeug ist schon etwa eine Stunde unterwegs, als es dem Flugkapitän und der ganzen Crew plötzlich übel wird. Die Maschine schwankt und unter den Passagieren kommt Panik auf. Aber der junge Mann greift ein. Er übernimmt das Steuer und schafft eine sichere Landung. Der junge Mann wird gefeiert. Die Leute bejubeln ihn, denn sie verdanken ihm ihr Leben.

P953619/06

Inhaltsverzeichnis

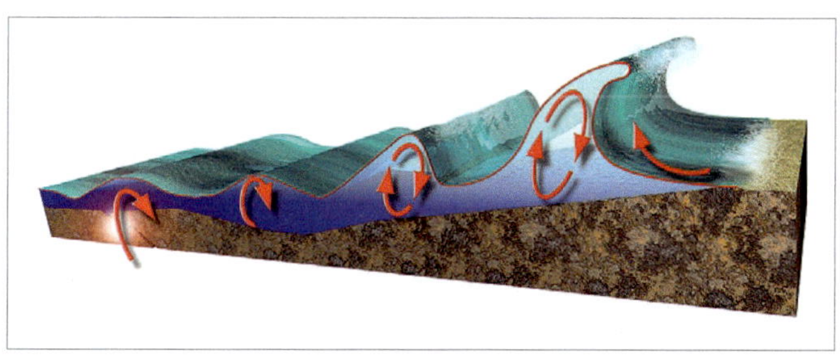

MARE

Erzählen

Eine Geschichte für eine Textfigur entwickeln

1 a) Lies diesen Ausschnitt eines Jugendbuchs.

Brigitte Blobel
Meine schöne Schwester

Beate ist schlank und beliebt, besonders bei den Jungen. Zu ihrem Geburtstag lädt sie viele ihrer „Verehrer" ein.
Ihre übergewichtige Schwester Dana (Daniela), die ganz anders ist als sie, soll Thomas den Einladungsbrief überbringen.

[...] Sie traf Thomas auf dem Weg mit den anderen Mädchen ihrer Klasse in die Turnhalle. Eigentlich hätten sie auf dem Sportplatz Volleyball spielen sollen, aber der heftige Regenguss hatte den Platz unter Wasser gesetzt.
Dann also Gymnastik, etwas, was Dana noch mehr hasste als Volleyball. Ihr gelang weder ein Spagat noch so etwas Läppisches wie eine Kerze. Immer kugelte sie auf die Seite, drückte die Knie nicht genug durch und begann schon nach ein paar Kniebeugen so heftig zu schnaufen wie ein Nilpferd. Gymnastik war ein frontaler Angriff auf ihr Selbstbewusstsein. Jedes Mal, wenn sie sich in ihr schwarzes Trikot zwängte, kam es ihr vor, als würde sie sich freiwillig in eine Zwangsjacke pressen.
Entsprechend war ihre Miene, als sie neben Kerstin zur Turnhalle marschierte und Thomas, der auf seinem Rennrad vorbeiradelte, plötzlich winkte und rief: „Hallo, Dana!"
„Hallo!", begrüßte ihn Dana schwach. Sie winkte nicht.
Thomas war schon fast vorbei, als Dana der Brief einfiel. „He, warte mal!", rief sie. „Warte mal, ich hab was für dich."
Sie kramte in der Jackentasche und förderte unter den neugierigen Blicken ihrer Klassenkameradinnen den Brief zu Tage. Verlegen hielt sie ihn hinter der Hand verdeckt und ging zu Thomas rüber.
„Hier", sagte sie und gab ihm den Brief.
„Was ist das?", fragte Thomas.
„Kann man das nicht sehen?", erwiderte Dana. Sie schaute ihn mit einer Mischung aus Trotz und Verzweiflung an. Sie war über und über rot geworden. Wie Pfeile spürte sie die Blicke der anderen in ihrem Rücken. Schnell drehte sie sich um.
„He", sagte Kerstin, als sie zusammen die Treppe zur Turnhalle hinaufliefen, „was war das denn für ein Typ?"
„Sag bloß, du hast einen Freund", rief Lilly. Mit neu erwachtem Interesse schaute sie Dana an. „Der sieht ja echt gut aus."
„Wie bist du an den gekommen?", fragte Angela. In ihrer Stimme klang die totale Verblüffung durch. Dana merkte sehr deutlich, dass keiner kapieren wollte, wie ausgerechnet sie, Daniela Stemmle, das Monster der Klasse, zu so einem

Typen gekommen war. Dana blieb stumm. Schweigend hockte sie sich auf die Holzbank und zog ihre Stiefel aus. In der Turnhalle, besonders im Umkleideraum, roch es immer nach Schweiß. Dana hasste den Geruch. Ihr wurde sofort übel davon.

„Kann man nicht mal ein Fenster aufmachen?“, fragte sie mürrisch.

„Dana und ihr empfindliches Näschen“, spottete Heidi.

Dana hasste die Scherze von Heidi. Sie führte sich im Sport immer auf wie ein Star. Sie konnte sich das auch erlauben, hatte sie doch alle Sportabzeichen bestanden, die man machen kann. Ihre Gymnastik war eine echte Show.

Heidi hatte den biegsamen Körper einer Akrobatin, konnte beim Spagat ihre Fesseln umfassen und den Kopf auf den Fußrücken legen. Unglaublich. Dana hätte sich dabei einen Muskelriss geholt.

„Was stand denn in dem Brief?“, fragte Lilly so unvermittelt, dass Dana zusammenzuckte.

„Sag bloß, du schreibst Liebesbriefe, Dana!“, rief Angela begeistert. „Das finde ich echt stark. Hätte ich dir nie zugetraut.“

Dana schaute sie herausfordernd an. „Und wieso nicht?“

„Weil … ja, also, weil du …“ Angela begann zu stottern.

„Weil ich was?“, hakte Dana unbarmherzig nach.

„Ich … hör doch auf.“ Angela erhob sich und schlenkerte mit den Beinen, um sich zu lockern. „Ich hab keine Lust, das zu erklären.“

Musst du auch nicht, dachte Dana grimmig, ich weiß so, was du meinst, was ihr alle meint. Aber glaubt ja nicht, dass mir das etwas ausmacht.

Sie holte ein Papiertaschentuch aus der Jacke und begann sich lange und umständlich zu schnäuzen. So lange, bis alle Mädchen den Umkleideraum verlassen hatten. Die Lehrerin wartete schon in der Turnhalle. Sie hatte eine Kassette mit Jazzmusik eingelegt und klatschte auffordernd in die Hände. Dana hörte, wie sie fragte: „Fehlt noch jemand?“

b) Welche Personen kommen in dem Textausschnitt auf den Seiten 6 und 7 vor? Markiere die Namen der handelnden Textfiguren.

Textfiguren

c) Ordne die Namen in einer Übersicht so an, dass ihre Beziehung zu Dana deutlich wird.

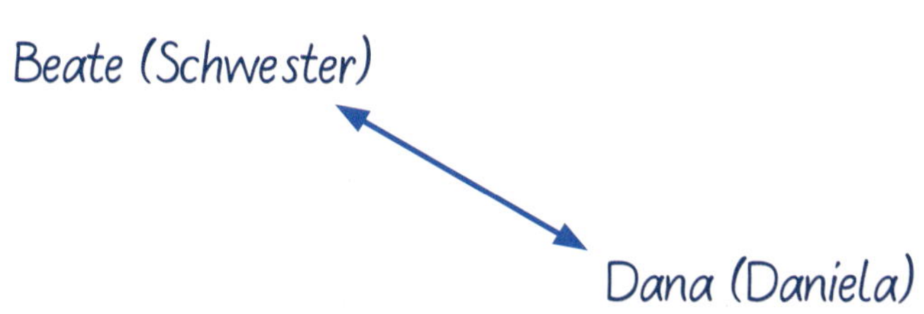

Schauplätze

2 Wo spielt das Geschehen, das in diesem Textausschnitt erzählt wird? Ergänze die Schauplätze und schreibe die jeweiligen Zeilenangaben dazu.

Auf dem Weg zur ______ *Zeile 1–* ______

Erzählmittel

3 Die Autorin erreicht, dass du manchmal das Gefühl hast, die Ereignisse direkt mitzuerleben.

Ordne ihren „Erzählmitteln" jeweils eine weitere passende Textstelle zu, z. B.:

Erzählmittel	Textstelle
wörtliche Rede →	*„Kann man das nicht sehen?", erwiderte Dana.*
Gedankenwiedergabe →	*Musst du auch nicht, dachte Dana grimmig …*
Beschreibung von Mimik, Gestik … →	*Sie war über und über rot geworden.*
Vergleiche →	*Wie Pfeile …*

4 Wähle eine Figur aus dem Abschnitt „Meine schöne Schwester“ aus, die im Mittelpunkt deiner neuen Geschichte stehen soll.

Eine Figur auswählen

a) Schreibe ihren Namen in das blaue Kästchen.

b) Was erfährst du über die Person im Jugendbuchausschnitt? Ordne deine Stichpunkte um das Namenskästchen an.

5 Das Erzählen einer neuen Geschichte fällt leichter, wenn du deine Gedanken zuerst in Stichpunkten ordnest.

Gedanken ordnen

Wo? Welche Schauplätze sollen in deiner Geschichte eine Rolle spielen?

Schauplätze

Wer? Welche weiteren Personen sollen in deiner Geschichte vorkommen?

Handlungsträger

Was? Was soll in deiner Geschichte passieren? Notiere Stichpunkte.

Handlung

Aus einer anderen Perspektive erzählen

Erzählperspektive

1 Wer erzählt diese Geschichte?

[...] „Eigentlich ist Dana ein cooler Typ, wenn sie nur nicht so stur wäre!"
Das Telefon riss mich aus meinen Gedanken. „Thomas Bauer", meldete ich mich etwas überrumpelt und war sehr überrascht, als ich Danas trotzige Stimme hörte. „Bilde dir ja keine Schwachheiten ein, bloß weil ich dich anrufe!"
Als ich mich wieder gefasst hatte, antwortete ich ...

a) Unterstreiche die Wörter, die deutlich machen, wer diese Geschichte erzählt.

b) Schreibe den kurzen Ausschnitt so um, dass ihn beispielsweise ein Freund von Thomas, der alles miterlebt hat, erzählt haben könnte.

Erzählzeit

2 a) In welcher Zeitform steht der Textauszug von den Seiten 6 und 7?

b) Überprüfe deine Antwort, indem du in dem Textauszug zehn Verben unterstreichst, die nicht in der wörtlichen Rede gebraucht werden.

Erzählidee

3 a) Erkläre in wenigen Worten deinem Lernpartner/deiner Lernpartnerin deine Erzählidee, also das, was in deiner Geschichte passieren soll. Bitte ihn/sie um Verbesserungsvorschläge.

b) Welche Anregungen deines Lernpartners/deiner Lernpartnerin fandest du so gut, dass du sie in deine Geschichte einbauen möchtest? Notiere Stichpunkte.

Geschichte aufschreiben

4 Schreibe deine Geschichte in dein Heft.

Eine Geschichte überarbeiten

5 Hier ist Überarbeitungsbedarf!

[…] Heidi kam aufgeregt nach Hause und fragt ihre Mutter: „Mama, in der Stadt hab ich ein Plakat für den Gymnastikabend in zwei Wochen gesehen. Die suchen noch Teilnehmer. Darf ich mich anmelden?“ „Du gibst ja sonst keine Ruhe; aber die Schule darf darunter nicht leiden!“ „Wird sie schon nicht“, murmelte Heidi und schon ist sie am Telefon, um Lilly, Angela und den anderen die Neuigkeit zu sagen. Am nächsten Morgen wurde sie mit einem großen Hallo in der Schule begrüßt. Stolz sagte sie allen, dass sie in dieser Woche besonders hart trainieren werde, um ja eine gute Figur zu machen. Sie streckt sich ein bisschen, damit ja alle, besonders die Jungen, sehen, wie schlank und beweglich sie ist. „Aber eigentlich kann ich das alles schon, aber aufgeregt bin ich doch, wenn so viele Leute zusehen“, sage ich gerade zu Angela, als Dana vorbeiging. „Das wäre wohl nichts für dich“, sagte Heidi zu ihr. „Dann hätten die Leute wenigstens etwas zu lachen“, sagte Dana mit lachendem Gesicht. „Die ist nur neidisch“, sagte Lilly. „Ach komm, lass Dana doch, sag lieber, welche Klamotten man zu solch einem Event anziehen muss“, sagt Angela. „Soll ich den schwarzen Gymnastikanzug anziehen? Der ist vielleicht ein bisschen eng“, sagte Heidi, „aber … *(Martina Schneider)*

Das ist der Anfang von Martinas Geschichte, in der Heidi im Mittelpunkt steht. Die Erzählidee ist nicht schlecht. Martina erzählt nämlich weiter, dass Heidi der enge Gymnastikanzug bei der Vorführung aufreißt und die Zuschauer tatsächlich etwas zum Lachen haben. Doch Heidi rettet schlagfertig die Situation. Martina sind aber einige Fehler unterlaufen, die beim Überarbeiten auffallen.

a) Lies den Textauszug noch einmal aufmerksam durch. Streiche mit einem Bleistift die Stellen an, die deiner Meinung nach korrigiert werden müssen.

b) Schreibe deine Korrekturvorschläge in die Randspalte.

c) Welche Fehler hat Martina in der Hauptsache gemacht?

Wechsel in der Erzählperspektive (Wechsel in die Ich-Form)

Mit Sachtexten arbeiten

Informationen aus Sachtexten entnehmen (Teil 1)

Johannes Latsch

Zwei Griffe prägen die Welt des Handels

Sie ist handlich, federleicht und kann schwer tragen. 100 Jahre ist es her, dass der Wiener Fabrikant Max Schuschny die erste Tragetasche mit zwei Henkeln und festem Boden herstellte – die Vorläuferin der modernen Plastiktüte. Für die Verpackungshersteller sind Tüten und Taschen dauernd sprudelnde Einnahmequelle, für die Kaufhäuser effektiver Werbeträger, für die Kunden ein praktisches Transportmittel – oder auch ein Spiegel des Charakters. Zwar haben Historiker gefaltete Blätter, Tierhörner und Tierblasen in der Steinzeit als Vorläufer moderner Tüten geortet und im 18. Jahrhundert kamen die ersten Papiertaschen auf. Aber als Geburtsjahr der heutigen Varianten gilt das Jahr 1902, als Schuschny seine Tragetasche auf den Markt brachte. Der Industrieverband Papier- und Folienverpackung in Frankfurt am Main erinnert daran, wie gegen Ende des 19. Jahrhunderts die Kaufhäuser entstanden, sich eine „Lust am Einkaufen" entwickelte. Die Ware musste ja heimgetragen werden. Geradezu revolutionär war die Rolle der Tüte knapp 60 Jahre später: Die Entwicklung der Lebensmittel-Selbstbedienungsläden, so stellt der Verband fest, wäre „ohne die Tragetasche nicht machbar gewesen". Die Plastiktaschen aus Polyäthylen, einer Kohlenwasserstoffverbindung aus Erdöl, konnten zwar die altgedienten Papiertüten verdrängen, sodass deren Marktanteil heute auf ein Viertel geschrumpft ist. In der Öffentlichkeit aber waren die Plastiktaschen von einem Imageproblem gebeutelt. [...] Ende der 1970er-Jahre kam die Plastiktasche als Müllverursacher in Verruf. „Jute statt Plastik" wurde damals gefordert. Mittlerweile aber, so der Verpackungsverband, hätten die Umweltaktivitäten und Aufklärungsarbeit der Branche dazu geführt, „dass man heute die Tragetasche mit wirklich gutem Gewissen trägt und sich mit ihr in der Öffentlichkeit zeigt". Der Marketingberater und Wissenschaftler Björn Stüwe hat das Phänomen in der Studie „Tütentypen" erforscht. [...] Der „Prestige-Orientierte" etwa achtet demnach auf hochwertiges Material mit Stoffkordeln, wobei sich „langfristige Beziehungen zwischen Tüte und Verwender" ergeben. Der „Sorglose" indes verwendet eine Tüte kaum zweimal. Wenn der „Ökologie-Orientierte" überhaupt eine Tüte benutzt, dann gern als „Lebensbegleiter", wobei er einen großen Aufwand für die Pflege betreibt. Der „Provokateur" indes wählt die Tragetasche gezielt gegen sein Image aus, etwa der Manager die Plastiktüte. Von welchen Typen auch immer – jährlich werden in Deutschland rund fünf Milliarden Tragetaschen verbraucht. Den Gesamtwert schätzt Stüwe auf 300 Millionen Euro.

1 Abschnitte setzen

Worum geht es hauptsächlich in dem Text? – Die Überschrift lässt diese Frage offen.

a) Schreibe unter die Überschrift eine weitere, genauer informierende Textzeile („Untertitel“).

b) Im Original ist dieser Text durch Absätze gegliedert. Lies noch einmal und markiere die Stellen, wo inhaltlich ein neuer Abschnitt beginnt, mit einem Bleistiftstrich. Versuche – wie im Originaltext –, auf sieben Textabschnitte zu kommen. Markiere die Anfangsbuchstaben deiner Abschnitte farbig.

Tipp
Lösungshilfe:
Beim Originaltext ergibt sich die Buchstabenfolge SZDDMDV.

2 Bedeutungen von Fremdwörtern verstehen

a) Der Text enthält einige Fremdwörter. Markiere sie.

b) Ordne den Umschreibungen die passenden Wörter aus dem Text zu. Gib die Textzeile an, in der das Fremdwort steht.

Tipp
Lösungshilfe:
Die Anordnung der Erklärungen entspricht der Reihenfolge im Text.

Umschreibung	Lösung	Zeile
Die Methode ist **wirksam.**		
Dieser Mann ist ein **Erforscher der Geschichte.**		
Es war eine **alles verändernde** Neuerung.		
Viele pflegen ein **bestimmtes eigenes Bild** von sich selbst.		
Diese Geschäfte gehören alle zum gleichen **Wirtschaftszweig.**		
Das ist ein **Mann, der verkaufsfördernde Ratschläge gibt.**	–	
Diese seltsame **Erscheinung** konnten alle beobachten.		
Er genießt bei allen hohes **Ansehen.**		
Wissenschaft von den Beziehungen zwischen Lebewesen und Umwelt		
Er ist **jemand, der andere ständig herausfordert.**		

3 Fragen formulieren

Mit W-Fragen kannst du den Inhalt von Texten erschließen.

a) Wähle sechs verschiedene Fragewörter aus und schreibe Fragen auf, die sich mit Hilfe des Textes auf Seite 12 beantworten lassen.

Wer? Was? Wann? Wo? Warum? Wie? Welche?

Wodurch? Wie viel(e)? Wozu? Woher? Wovon? ...

A ______

B ______

C ______

D ______

E ______

F ______

b) Wo findest du die Antworten auf deine Fragen? Suche die entsprechenden Stellen im Text auf Seite 12 und schreibe den passenden Kennbuchstaben an den Rand.

4 Schlüsselwörter heraussuchen

a) Wähle aus den folgenden Listen für jeden Textabschnitt nur zwei bis vier Schlüsselwörter aus, mit denen du am besten den Inhalt wiedergeben könntest. Streiche die übrigen Wörter durch.

100. Geburtstag – erste Tragetasche – zwei Henkel – Wiener Fabrikant – Max Schuschny – Plastiktüte – Werbeträger – Transportmittel

Historiker – Vorläufer – Tierhörner – Steinzeit – 18. Jahrhundert – Papiertaschen – Geburtsjahr 1902 – heutige Varianten – Markt

Industrieverband – Frankfurt am Main – Kaufhäuser – Ende 19. Jahrhundert – Lust am Einkaufen – heimtragen – 60 Jahre später – revolutionär – Lebensmittel-Selbstbedienungsläden – nicht machbar

Plastiktaschen – Polyäthylen – Erdöl – Papiertüten – ein Viertel – Öffentlichkeit – Imageproblem – Müllverursacher – 1970er-Jahre – Jute statt Plastik

Verpackungsverband – Umweltaktivitäten – Aufklärungsarbeit – Branche – Gewissen

Marketingberater – Wissenschaftler – Studie – Tütentypen – Prestige – hochwertiges Material – langfristige Beziehungen – der „Sorglose“ – „Lebensbegleiter“ – „Provokateur“ – Manager

Typen – Deutschland – fünf Milliarden jährlich – Gesamtwert – 300 Millionen Euro – Tragetaschen

b) Markiere im Text auf den Seiten 12 und 13 die von dir gewählten Schlüsselwörter mit Textmarker. Welche Nebeninformationen sind zur näheren Erklärung notwendig? Unterstreiche sie dünn mit einem Farbstift.

c) Trage deine Schlüsselwörter richtig in die Zeitleiste ein.

Steinzeit

18. Jahrhundert

Ende 19. Jahrhundert

1902

ca. 1960

ca. 1970

ca. 2000

um 1925

1970er-Jahre

1982

5 Eine Merkliste erstellen

Liste nun deine Lernschritte zum „Texteverstehen“ noch einmal auf.

Den Text ______________ lesen! Inhaltlich zusammengehörige ______________ suchen und markieren! ______________ klären! W-______________ zum Text ______________ und die passenden ______________ im Text suchen!

Nur die wichtigsten ______________ markieren!

Informationen aus Sachtexten entnehmen (Teil 2)

„Spinnerte Idee“ eines Straubinger Studenten wurde zu einem unerwarteten Erfolg

Eine Handtasche aus Milchtüten

Frühere Sozialhilfeempfänger produzieren die „Kultobjekte“ – Der Preis geht bis über 50 Euro

Michael Wuerges mit einer Auswahl seiner „Tetra-Bags“ aus alten Getränketüten

Tipp
Markiere beim zweiten Lesen wichtige Informationen im Text.

Straubing (ddp) · Die Straubinger waren erst skeptisch. Handtaschen aus Getränketüten? So eine „spinnerte“ Idee! Erst als eine überregionale Zeitung von Michael Wuerges' Kreationen berichtete, drehte sich langsam der Wind. Inzwischen gelten seine aus Getränkekartons hergestellten Damentaschen als Kultobjekte.

Ein Jahr nach dem Start der Produktion in einer Werkshalle der Straubinger Arbeiterwohlfahrt (AWO) haben sich die „Tetra-Bags“ des 24-jährigen Studenten zum Renner entwickelt. Fünf ehemalige Sozialhilfeempfänger fertigen die Taschen in Handarbeit – „in der Manufaktur“, wie Wuerges sagt. Zum Oktoberfest gibt es extra eine limitierte Wies'n-Tasche mit Kuhmotiv, aufgenieteten Trachtenknöpfen und Lederherzen.

Vor allem in Österreich haben die Taschen zum stolzen Preis von 15 bis 55 Euro inzwischen Kultstatus und gelten als Nobelaccessoires. Den Recyclinggedanken verkörpern sie perfekt und helfen zugleich Langzeitarbeitslosen bei der Vermittlung in den Arbeitsmarkt.

Im Wertstoffhof in Straubing werden von der Initiative für umweltorientierte Sozialarbeit (SINUS) 50 Arbeitslose für maximal ein Jahr beschäftigt und weiterqualifiziert. Fünf von ihnen produzieren inzwischen die „Tetra-Bags“ aus Fehldrucken der Firma Tetra Pak, die bei der Herstellung der Milch- und Saftverpackungen immer wieder anfallen. Aus dem Verkauf der Taschen werden ihre Löhne und ein Kostenbeitrag für den AWO-Haushalt erwirtschaftet. Die Art und Weise der Produktion hat sich Wuerges patentieren lassen. In Deutschland gebe es bereits zwei „Produktpiraten“. Einer habe ihm nachts vor seiner Wohnungstür aufgelauert und verlangt, ihn nicht mehr zu kopieren. „Dabei kopierte er mich – und das schlecht“, sagt Wuerges.

1 Fragen beantworten

a) Verbinde zu sinnvollen Fragen. Suche die passenden Antworten im Text und gib die entsprechenden Zeilen an.

Warum	ist Michael Wuerges?	Kopfzeile, Z. 12 f.
Wie	„spinnerte“ Idee hatte Michael Wuerges?	
Wo	finden die Leute die Idee nicht mehr „spinnert“?	
Warum	werden die „Tetra-Bags“ angefertigt?	
Woraus	stellt diese Produkte her?	
Wer	werden „Tetra-Bags“ gemacht?	
Welche	verkaufen sich die „Tetra-Bags“ so gut?	
Wer	schützt sich Wuerges vor Nachahmern?	

b) Beantworte die Fragen jeweils mit eigenen Worten in einem ganzen Satz.

2 Sprachliche Hürden meistern

Der Text auf Seite 16 enthält eine ganze Reihe von schwierigen Begriffen.

a) Geh die Wortliste durch und schreibe zu den Wörtern, die du zu kennen meinst, eine Erklärung daneben.

skeptisch: ______________________________

____

Kultobjekte: ______________________________

____

Kreationen: ______________________________

____

limitiert: ______________________________

____

Initiative: ______________________________

____

Manufaktur: ______________________________

____

Kultstatus: ______________________________

____

Nobelaccessoires: ______________________________

____

weiterqualifiziert: ______________________________

____

Produktpiraten: ______________________________

____

patentieren lassen: ______________________________

____

b) Suche die dir „bekannten“ Wörter im Text. Markiere die Textstellen farbig. Überprüfe, ob deine Worterklärung im Satzzusammenhang sinnvoll ist. Wo dies nicht der Fall ist, musst du eine andere Erklärung suchen. Benutze dazu ein Wörterbuch. Schreibe die passende Erklärung neben deine erste Lösung.

c) Du hast nicht alle Wörter gefunden? Denke daran: Beim Nachschlagen im Wörterbuch musst du zusammengesetzte Wörter meistens zerlegen. Markiere die „Zerlegungsstelle“ bei den zusammengesetzten Wörtern durch einen farbigen Strich, z. B. Kult/objekte. Schlage die einzelnen Wörter noch einmal nach. Überlege, welche Bedeutung sich für die Zusammensetzung ergibt.

d) Denke daran, dass auch im Wörterbuch die erste Lösung nicht unbedingt die passende ist! – Beispiel:

Kult, der; -[e]s, -e u. Kultus, der; -, Kulte (lat.) (Verehrung; Form der Religionsausübung; *auch für* übertriebene Verehrung)

Ob | jekt, das; -[e]s, -e (lat.) (Ziel, Gegenstand; *DDR* auch für die Allgemeinheit geschaffene Einrichtung; *österr. Amtsspr. auch für* Gebäude; *Sprachw.* Ergänzung)

Unterstreiche die Erklärungen, die am besten auf den Begriff „Kultobjekt“ zutreffen. Schlage auch die noch verbliebenen Begriffe der Liste im Wörterbuch nach. Überprüfe ebenfalls im Textzusammenhang.

e) Markiere in deiner Wortliste die beste Erklärung farbig.

3 a) In dem Satz wird eine Redewendung gebraucht. Unterstreiche sie. Ersetze diesen Teil des Satzes durch eine andere Formulierung, sodass die Bedeutung der Redewendung klar wird.

„Erst als eine überregionale Zeitung von Michael Wuerges' Kreationen berichtete, drehte sich langsam der Wind.“

b) Der Name „Tetra-Bag“ ist eine Wortschöpfung, die einiges über das Produkt verrät. Erkläre!

Tetra:

Bag:

Informationen ordnen und gewichten

Ein Museum im restaurierten Geburtshaus von Levi Strauss in Buttenheim

Arbeiterhose und Kultobjekt

Jeans-Erfinder war 1847 nach Amerika ausgewandert – Vom Kleinkrämer zum Millionär

Buttenheim · Die Ur-Jeans hat nur eine Gesäßtasche und Knöpfe für Hosenträger statt Gürtelschlaufen, aber schon den markanten kunstledernen Aufnäher am Bund. Darauf versuchen zwei Männer, mit Pferden eine aufgespannte Hose zu zerreißen. Die mit dem Markenzeichen vermittelte Robustheit ist legendär: Vor ein paar Jahren fand man ein verschlissenes Blaumann-Beinkleid von 1890 in einem alten Kohlebergwerk in Colorado. Weltweit soll es nur noch zwei der Textil-Antiquitäten geben.

Ein originalgetreu nachgeschneidertes Exemplar der Ur-Jeans ist in Buttenheim zu bewundern: [...] und zwar im Levi-Strauss-Museum, im restaurierten Geburtshaus des Mannes, der mit der Erfindung der Jeanshose Unsterblichkeit erlangen sollte.

Dass der Sohn einer jüdischen Familie, dessen Name längst zur Legende geworden ist, seine Wurzeln in Buttenheim hat, ließ sich mit Geburtsmatrikel und Auswanderungsurkunde erst 1984 eindeutig belegen. Drei Jahre später kaufte die Gemeinde das heruntergekommene Geburtshaus von Levi „Löb" Strauss (1829–1902). Die aufwändige Instandsetzung des Fachwerkhauses und der Aufbau des Museums verschlangen jeweils 800 000 Mark*. „Es war schwierig, der Bevölkerung klarzumachen, dass sich der finanzielle Aufwand lohnt", sagte Bürgermeister Johann Kalb.

Hosenfirma erst zugeknöpft

Ein zähes Unterfangen war es auch, den Textilkonzern Levi Strauss & Co. zur Mitarbeit zu gewinnen. Den Durchbruch schaffte eine Buttenheimer Delegation mit einer Reise nach San Francisco. Für das Museumsprojekt am Geburtsort seines Firmengründers machte das weltweit tätige Unternehmen schließlich einen Scheck über 200 000 Mark* und diverse Ausstellungsstücke locker. [...]

Im Erdgeschoss zeichnet das Museum den Lebensweg des Mannes nach, der sich den amerikanischen Traum erfüllte, indem er

Jeans-Erfinder Levi Strauss (1829–1902) stammt aus Buttenheim

vom armen Einwanderer und Kleinkrämer zum Millionär und Mitglied höchster Gesellschaftskreise aufstieg. Eine audiovisuelle Führung leitet durch das dreigeschossige, verwinkelte Haus mit seinen kleinen, niedrigen Räumen. Den Schlusspunkt des 21 Stationen umfassenden Rundgangs setzt die Darstellung der Jeans als Kultobjekt.

Levi Strauss wurde am 26. Februar 1829 in Buttenheim geboren. Sein Vater zog als Hausierer über die Dörfer. Nach dem Tod des Familienoberhaupts wanderte Levi Strauss mit seiner Mutter Rebecca und seinen beiden Schwestern 1847 nach Nordamerika aus. Der Franke gründete 1850 in New York eine Firma, zog dann nach San Francisco und baute hier ein Textilgeschäft auf.

Der kalifornische Goldrausch brachte den wirtschaftlichen Erfolg. Grundlage dafür war die Erfindung, aus Segeltuch und Stoff für Zeltplanen strapazierfähige Hosen herzustellen. Den letzten Pfiff steuerte sein Geschäftspartner Jakob Davis bei: Von ihm stammt die Idee, die Arbeitskleidung mit Hilfe von Nieten noch haltbarer zu machen. Mit diesem Patent entstand 1873 die Urform der Jeans, die viele Jahrzehnte später als modisches Beinkleid ihren Siegeszug um die ganze Welt antreten sollte. *Horst M. Auer*

** 1 Mark = 51 Cent*

1 In diesem Text erfährst du etwas über folgende Themen:

Das Leben der Privatperson Levi Strauss

Das Levi-Strauss-Museum in Buttenheim

Das Produkt und der geschäftliche Erfolg dieser Idee

Markiere die entsprechenden Textabschnitte in der jeweiligen Farbe.

2 Schreibe zu jedem der drei Gliederungspunkte zwei Fragen auf, die sich mit Hilfe des Textes beantworten lassen. Schreibe dazu, in welchen Zeilen des Textes die Antworten zu finden sind.

Privatperson: ______________________ Zeile(n) ________

____

Museum: ______________________ Zeile(n) ________

____

Produkt: ______________________ Zeile(n) ________

____

~~Die~~ Ur-Jeans ~~hat nur~~ eine Gesäßtasche ~~und~~ Knöpfe für Hosenträger ~~statt Gürtelschlaufen, aber schon den markanten~~ kunstledernen Aufnäher am Bund.

Darauf versuchen zwei Männer, mit Pferden eine aufgespannte Hose zu zerreißen. Die mit dem Markenzeichen vermittelte Robustheit ist legendär.

3 a) Um die Kerninformationen herauszufiltern, wurde dieser Textabschnitt auf zwei verschiedene Arten bearbeitet. Beide Methoden sind dir sicher schon bekannt. Ergänze:

Methode 1: ______________________ *wegstreichen*

Mehode 2: ______________________ *markieren*

b) Bearbeite die Abschnitte über die Privatperson Levi Strauss.
Streiche zuerst mit Bleistift die Wörter durch, die dir unwichtig erscheinen.
Markiere in einem zweiten Durchgang nur die allerwichtigsten Wörter farbig.

Tipp
Die wichtigsten Informationen kannst du finden, indem du die W-Fragen stellst: Wer? Wo? Wann? Was? Wie? Warum?

4 Erstelle mit den wesentlichen Angaben aus dem Text einen tabellarischen Lebenslauf über Levi Strauss.

Name: ______________________

Geburtsdatum/-ort: ______________________

____

Eltern: ______________________

____

Geschwister: ______________________

beruflicher Werdegang: ______________________

____

____

____

5 In einem Prospekt des Fremdenverkehrsamtes soll auf das Levi-Strauss-Museum hingewiesen werden. Verfasse einen kurzen Informationstext über das Museum. Bearbeite dazu zuerst die betreffenden Textabschnitte mit der Wegstreichmethode und markiere die Schlüsselwörter.

Der Insidertipp:

____

____

____

____

____

____

____

____

____

____

6 Warum wurden die Jeans des Levi Strauss weltberühmt?

a) Versuche, mit Hilfe des Textes eine begründete Antwort auf diese Frage zu finden. Notiere dein Ergebnis in Stichpunkten in der linken Tabellenspalte.

b) Was sind deiner Meinung nach Gründe für den Erfolg dieser Marke? Schreibe deine eigenen Ideen in die rechte Spalte der Tabelle.

Informationen aus dem Text	**eigene Ideen**

7 **Merklisten zum Textverständnis**

a) Auch sprachlich schwierige Texte lassen sich mit Methoden, die du schon kennst, entschlüsseln. Schreibe noch einmal die ersten Schritte zum Verstehen eines Textes auf (s. auch S. 15).

____

____

b) Um schwierige Begriffe zu klären, werden mehrere Schritte durchgeführt. Schreibe diese Schritte ebenfalls hier noch einmal auf.

eigenes Vorwissen klären – im _______________ prüfen

zusammengesetzte Begriffe _______________

im Wörterbuch nicht einfach die erste Erklärung nehmen, sondern

____

über die Bedeutung von _______________ nachdenken

c) Ergänze:

Sachtexte wie der Zeitungsartikel auf Seite 16 enthalten häufig Informationen zu mehreren Teilthemen. Diese sind nicht unbedingt durch die Textgliederung erkennbar. Die Informationen zu den Gliederungspunkten können auch an mehreren _______________ im Text „verstreut“ sein. Die wichtigste Technik zum Ordnen und Gewichten von Informationen ist das _______________ von Textstellen, Textabschnitten oder auch von einzelnen Begriffen, z. B. durch _______________.

Sachtexte erschließen

Wolfgang Gessler

Was unterscheidet Monsterwellen von Tsunami

Tsunami

Durch ein Seebeben senkt oder hebt sich der Meeresgrund (erster Pfeil links). Dadurch entsteht eine Welle, die von der Wasseroberfläche bis zum Grund reicht und sich in alle Richtungen rasend schnell ausbreitet. An der Küste, wo der Meeresboden steigt, staut sie sich und türmt sich zur hohen Wasserwand empor.

Monsterwelle

Wellen aus leicht unterschiedlichen Richtungen treffen bei Sturm aufeinander, überlagern sich und türmen sich zu enormer Höhe auf. Dies ist nur eine von mehreren möglichen Ursachen:

Anders als für Monsterwellen sind für Tsunamis nicht Wind und Strömungen verantwortlich, sondern Erschütterungen des Meeresbodens – vor allem Seebeben, Vulkanausbrüche oder Felsstürze. Tsunamis jagen im tiefen Meer mit etwa 500 bis 1 000 km/h dahin. Sie sind sehr lang und kaum höher als einen Meter. An Bord von Schiffen nimmt sie deshalb kaum jemand bewusst wahr, allenfalls als sanftes Schaukeln. In Ufernähe jedoch werden sie schlagartig gefährlich: An der flachen Küste wird die vordere Wellenfront rasch langsamer, das folgende Wasser läuft auf und staut sich bis zu 60 Meter hoch. Folge: Ganze Küstenregionen können verwüstet werden, wie am 17. Juli 1998 in Papua-Neuguinea (fast 2 500 Tote) und bei der Katastrophe am 26. Dezember 2004 im Süden und Südosten Asiens (mehr als 280 000 Tote).

Wiederholen und vertiefen +++ Wiederholen und vertiefen +++

1 Was ist die Ursache für Tsunamis und was die Ursache für Monsterwellen? Beantworte es stichpunktartig in deinem Heft.

2 Beantworte die folgenden Fragen in ganzen Sätzen:

Warum nehmen Schiffe Tsunamis kaum wahr?

____

____

____

____

Welche Auswirkungen hat ein Tsunami an den Küsten?

____

____

____

____

Welche waren die größten Tsunamikatastrophen in den letzten zehn Jahren?

____

____

____

____

____

3 a) Setze dich mit der Sprache des Artikels auseinander. Markiere die folgenden zusammengesetzten Nomen im Text und erkläre ihre Bedeutung anhand ihrer Bestandteile.

Seebeben: ______________________________

Wasserwand: ______________________________

Felssturz: ______________________________

b) Im Text sind drei Fremdwörter: -front, -regionen und Katastrophen. Markiere sie und schlage ihre Bedeutung im Lexikon nach. Ersetze sie in den Sätzen durch passende deutsche Bedeutungen. Schreibe nun die Sätze mit den deutschen Bedeutungen in dein Heft.

Kosta Schinarakis

Monsterwellen und Tsunamis: Wie kann man sie rechtzeitig aufspüren?

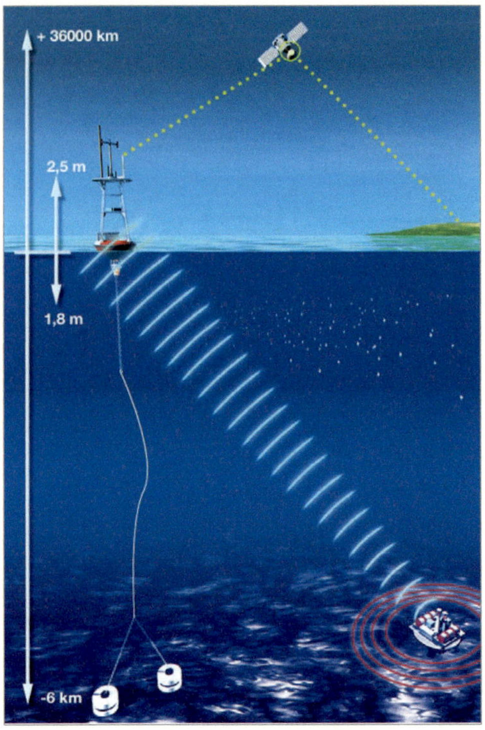

Für Monsterwellen auf offener See gibt es noch keine perfekte Frühwarnmethode. Zwar existiert unter dem Namen WaMoS ein Radarsystem für Schiffe, das den mittleren Wellengang in der Umgebung beobachtet, aber es wird noch einige Zeit dauern, bis es auch einzelne Riesenwellen aufspüren kann. Kapitäne hätten dann einige Minuten Zeit, um ihr Schiff in eine günstige Position zu bringen.

Vorwarnzeiten von Stunden könnte eine Flotte aus Satelliten ermöglichen. Mit Radaraugen vermessen sie von oben die Wasseroberfläche. Zeigt sich eine große Welle, informieren sie Wetterstationen und Schiffe. Bisher hat aber nur der Forschungssatellit Envisat Monsterwellen im Blick. Dessen Daten nutzt Dr. Heinz Günther vom GKSS-Forschungszentrum in Geesthacht, um eine Gefahrenkarte zu zeichnen: „Unser Ziel ist es, die gefährlichen Regionen zu identifizieren." Dann könnte man Schiffe Tage im Voraus warnen.

Der erste Hinweis auf einen Tsunami ist dagegen meist ein Seebeben. Seismografen melden die Erschütterungen an ein Warnzentrum. Hier bestimmt man, ob die Stärke des Bebens ausreicht, um einen Tsunami zu erzeugen. Dann messen verschiedene Sensoren den Wasserstand im Ozean, um die auf See kaum einen Meter hohen Wellen aufzuspüren:

- Mittels Schallwellen bestimmen Echolotbojen die Wassertiefe.
- Sensoren am Meeresboden bestimmen Druck und Höhe der Wassersäule.
- Moderne GPS-Bojen bestimmen sehr genau ihre eigenen Höhenänderungen.

Per Satellit werden die Daten gesammelt, Computer berechnen Geschwindigkeit und Größe der Wellen. An die gefährdeten Küsten geht die erste Warnung innerhalb von Minuten nach dem Beben. Während der Tsunami über das Meer rollt, wird er weiter überwacht.

Das funktioniert bisher nur im Pazifik. Nach dem Seebeben vor Sumatra Ende 2004 sollen auch andere Ozeane mit Warnsystemen ausgestattet werden.

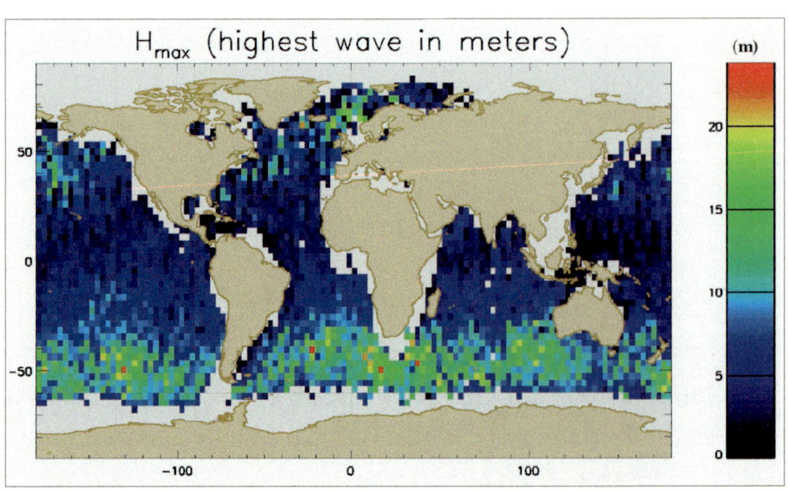

Wiederholen und vertiefen +++ Wiederholen und vertiefen +++

1 Der Text ist durch Absätze äußerlich gegliedert. Aber auch inhaltlich ist er gegliedert. Lies dir nochmals die Absätze einzeln genau durch und versuche, den Inhalt jedes Abschnitts in einem Satz zusammenzufassen.

Abschnitt 1: ______________________________

Abschnitt 2: ______________________________

Abschnitt 3: ______________________________

Abschnitt 4: ______________________________

2 Markiere die folgenden Fremdwörter im Text und schlage sie im Lexikon nach. Schreibe die für den vorliegenden Text passende deutsche Bedeutung in die Leerzeilen.

perfekt: ______________________________

Position: ______________________________

Station: ______________________________

informieren: ______________________________

identifizieren: ______________________________

Sensoren: ______________________________

Ozean: ______________________________

Seismografen: ______________________________

System: ______________________________

3 Ab dem dritten Abschnitt wird beschrieben, wie ein Frühwarnsystem für Tsunamis funktioniert: Markiere die wichtigsten Begriffe im Text. Schreibe sie anschließend in dein Heft. Versuche, mit diesen Begriffen ein Kurzreferat „Wie funktioniert ein Tsunami-Frühwarnsystem?“ zu erstellen.

Tipp

Denke auch an die Karteikärtchen-Methode, die dir den Vortrag erleichtern kann.

Wa Mo S

Notizen für ein Referat anfertigen

Mona Lisas „Vater“ – Der Mann, der alles kann

Das Bildnis der „Mona Lisa“

„Es ist leicht, ein Universalgenie zu werden.“ Ganz schön selbstbewusst, der junge Mann, der das von sich behauptet hat. Er lebte vor ungefähr 500 Jahren und hieß Leonardo. Weil Leonardo in Italien in der Nähe von Vinci geboren wurde, nannte man ihn der Einfachheit halber Leonardo da Vinci.

[…] Wahrscheinlich kennst du sein berühmtestes Bild, das Porträt der „Mona Lisa“. […] Aber reicht ein einziges berühmtes Gemälde schon, um sich mit Recht ein Universalgenie nennen zu dürfen? Sicher nicht. Allerdings hatte Leonardo auch eine ganze Menge mehr „drauf“. In der Zeit, in der er lebte (man nennt diese Epoche Renaissance), war es große Mode, allumfassend gelehrt zu sein. So arbeitete Leonardo als Dichter, Maler und Bildhauer, Naturwissenschaftler, Mediziner und Erfinder. Und auf all diesen Gebieten leistete Leonardo Großartiges. Die technischen Entwicklungen, die uns heute so selbstverständlich sind, waren damals natürlich noch alle im Dunkeln. So gab es zum Beispiel keinen Strom und keine Motoren. […] Die Liste der Erfindungen, die uns das Genie in fantastisch genauen Zeichnungen hinterlassen hat, würde Seiten füllen. Nur ein paar Beispiele: Leonardo erfand einen Bratenwender – etwa wie einen Drehgrill –, einen Kompass, Skier, um auf dem Wasser zu gehen, den Rettungsring, … das Prinzip des Fallschirms und – leider – auch Kriegsmaschinen, zum Beispiel Schleudern für verheerende Geschosse. Die Idee, die ihn am meisten faszinierte, war das Fliegen. Schon als Kind hatte Leonardo die Vögel im Flug beobachtet und später skizziert. Seine erste Konstruktion einer Flugmaschine bleibt auch ganz nahe an diesem Vorbild: ein an den Schultern befestigtes Flügelpaar, dessen Holzgerüst mit Stoff bespannt und mit Federn beklebt ist. Zur Regelung des Luftwiderstands hatte es bewegliche Türchen, die sich beim Aufstieg öffneten und bei der Landung schließen sollten. Im Grunde ist das eine geniale Vorwegnahme heutiger Flugzeuge. Bald wurde Leonardo klar, dass Muskelkraft allein zum Fliegen nicht genügte. Er erfand immer kompliziertere Maschinen, in denen ein Mensch bald lag und bald stand und mit Händen und Füßen – sogar mit dem Kopf – verschiedene Vorrichtungen betätigen musste, um sich in die Lüfte zu erheben. Ganz nebenbei entdeckte Leonardo auch das Prinzip des Hubschraubers.
Der Überlieferung nach stürzte sein erster Flugapparat ab. Dabei brach sich der Schüler Zoroastro da Peretola ein Bein. Für das Genie ein so unwichtiger Zwischenfall, dass er ihn nicht einmal erwähnt.

1 a) Lies den Text genau. Unterstreiche Begriffe, deren Bedeutung dir nicht klar ist. Versuche, diese Wörter aus dem Zusammenhang heraus zu klären. Schlage im Zweifelsfall nach.

b) Schreibe auf, was du über diese beiden Begriffe herausgefunden hast:

Universalgenie: ____________________

____

Renaissance: ____________________

____

2 a) Markiere die Stellen im Text auf Seite 28, die du für ein Kurzreferat über die Geschichte der Luftfahrt verwenden könntest.

b) Formuliere Stichpunkte, mit deren Hilfe du anderen über das Thema berichten könntest. Dabei musst du manchmal Wörter ergänzen, z. B.:

- markierte Wörter: *erste – Flugmaschine – Vorbild*
- Stichpunkte: *Vogelflug – Vorbild für erste Flugmaschine*

3 Du könntest den Text auch für ein Referat über das Leben Leonardo da Vincis verwenden. Stichpunkte zu verschiedenen Gliederungspunkten solltest du von Anfang an geordnet auf Karteikarten oder Notizzettel schreiben.

Schreibe zu den angegebenen vier Gliederungspunkten passende Stichworte aus dem Text auf Seite 28 heraus.

Die Zeit, in der Leonardo da Vinci lebte	**Bereiche, in denen er große Leistungen erbrachte**

Erfindungen Leonardo da Vincis	**Kenntnisse Leonardo da Vincis über die Luftfahrt**

Informationen aus Lexikontexten entnehmen

4 In Lexika kannst du meist einige Zusatzinformationen zu einem Referatthema finden.

Selbstbildnis

Leonardo da Vinci [-wintschi].

Der italienische Maler, Bildhauer, Architekt, Naturforscher und Techniker Leonardo (auch Lionardo) da Vinci (* 1452, † 1519) war einer der größten europäischen Künstler und gleichzeitig ein vielseitiger Wissenschaftler und Forscher. Seine Ausbildung erhielt er in der Werkstatt des Malers und Bildhauers Andrea del Verrocchio in Florenz. Weitere Stationen seines Lebens waren Mailand, Rom und zuletzt, auf Einladung des französischen Königs Franz I., Frankreich, wo er gestorben ist. Als Maler gilt Leonardo als der Vollender des klassischen Stils der italienischen Renaissance. Kennzeichnend für seine Malweise ist der Kontrast von Hell und Dunkel mit weichen Übergängen von Licht zu Schatten, wodurch die Schärfe der Umrisse gemildert wird; über allem scheint ein zarter Dunstschleier zu liegen. Die Bilder wirken dadurch oft geheimnisvoll, die Formen erscheinen plastisch. Einige der berühmtesten Gemälde hängen im Pariser Louvre: die „Madonna in der Felsengrotte“, die rätselhaft lächelnde „Mona Lisa“, wohl das Porträt der Gattin eines Florentiner Edelmannes (um 1503–06 gemalt) [...]. Ein monumentales Fresko ist das „Abendmahl“ im Refektorium (Speisesaal) des Klosters Santa Maria delle Grazie in Mailand (1495–97). Die Vorstellungen Leonardos über Architektur sind nur in Entwürfen und Skizzen erhalten [...]. Als Wissenschaftler und Techniker befasste er sich mit Projekten wie der Schiffbarmachung des Arno von Florenz bis zum Meer, mit Festungsbau und Kriegstechnik, Geografie und Geologie, Mathematik, Maschinen- und Gerätebau, Flugwesen, Anatomie. Er unternahm Experimente, fertigte viele genaue Zeichnungen und Karten an, verfasste kunsttheoretische und wissenschaftliche Schriften. Mit seinen methodischen Beobachtungen und Erkenntnissen war er seiner Zeit oft weit voraus.

Leonardo da Vinci

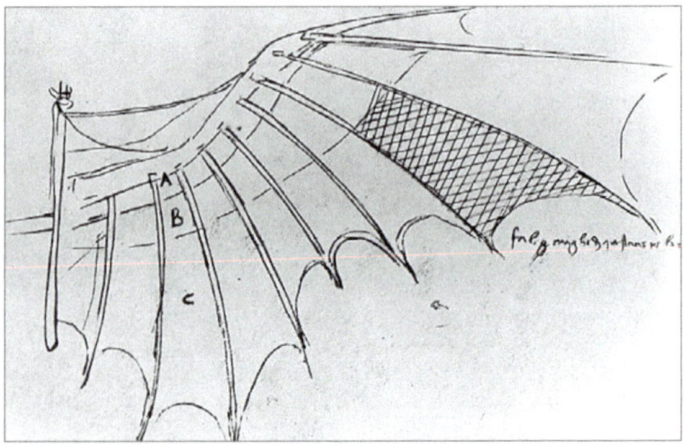

Gerippter Flügel

Leonardo wurde am 15. April 1452 in der kleinen toskanischen Stadt Vinci in der Nähe von Florenz als Sohn des wohlhabenden florentinischen Notars Ser Pietro und einer Frau bäuerlicher Herkunft geboren. Um 1466 ließ sich die Familie in Florenz nieder, dem geistigen und künstlerischen Zentrum Italiens, wo Leonardo als junger Musiker auffiel. Um 1469 wurde er in der Werkstatt eines der damals führenden florentinischen Maler und Bildhauer angestellt.

Als Naturforscher ragt Leonardo weit über seine Zeitgenossen hinaus. Seine Theorien über Hebelgesetze, Strömungsforschung und vor allem über den Vogelflug (berühmt geworden ist besonders seine Zeichnung der mechanischen Flügel) hielt er in zahlreichen Notizbüchern fest, die er als Linkshänder meist in Spiegelschrift niederschrieb. Aber auch über technische Gerätschaften gibt es Notizen und Zeichnungen von Leonardo: Druckpumpen, Bohrmaschinen, Drehbänke, Fallschirme, Taucherglocken und Kräne beschäftigten seine technische Fantasie.

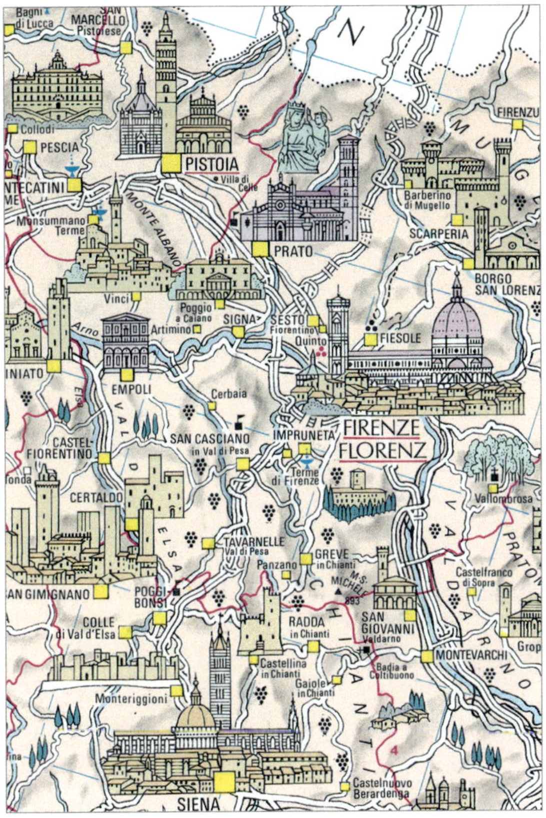

Der Begriff **Renaissance** bedeutet Wiedergeburt oder Neuanfang. Er bezeichnet hauptsächlich jene europäische Epoche, in der es zu einer erstaunlichen Blüte des künstlerischen und intellektuellen Lebens kam, eine Epoche, die wir schlicht die Renaissance nennen. Die Renaissance begann bereits im 14. Jahrhundert in Italien und breitete sich allmählich über Deutschland, Frankreich, England, Spanien, die Niederlande und Polen bis nach Russland aus. Die herkömmliche Auffassung besteht darin, dass die Gelehrten und Künstler, die an jener Wiederbelebung beteiligt waren, den kulturellen Errungenschaften der großen antiken Zivilisationen nacheiferten. [...] Die grundlegenden Voraussetzungen für diese Veränderungen waren jedoch die Entwicklung und die Verbreitung des internationalen Handels zu Land und zu Wasser. Diesem Handel ist es zu verdanken, dass neue blühende Märkte für Luxusartikel entstanden. Händler und Bankiers brachten diese neuen Ideen und Märkte nach Übersee, Asien und in die Neue Welt nach Amerika. [...]

a) Überprüfe, welche neuen Informationen die Artikel über Leonardo da Vinci bieten, und markiere sie.

b) Ergänze deine „Karteikarten“ auf Seite 29 durch einige Stichpunkte.

c) Die Lexikontexte enthalten auch Informationen, die nicht direkt zu einem der vier vorgegebenen Gliederungspunkte auf Seite 29 passen. Überlege dir dazu weitere Gliederungspunkte, auf die du in deinem Referat eingehen könntest. Schreibe sie auf weitere leere Karteikarten.

5 a) Mit dem Karteikartensystem kannst du deinen Vortrag gut einüben. Überlege dir aber zuerst eine sinnvolle Reihenfolge für die einzelnen Gliederungspunkte. Nummeriere die Karteikarten entsprechend.

b) Übe das mündliche Ausformulieren – am besten mit einem Lernpartner.

c) Zu einem guten Referat gehören auch Anschauungsmittel, die das Referat abwechslungsreicher machen. Notiere deine Ideen in dein Heft.

Mit literarischen Texten arbeiten

Einen Romanausschnitt untersuchen

1 Den Inhalt erfassen

a) Lies die Inhaltsangabe des Buches und den folgenden Textausschnitt still durch.

b) Notiere Stichpunkte zum Inhalt des Textausschnitts.

Eric-Emmanuel Schmitt

Monsieur Ibrahim und die Blumen des Koran

Der elf Jahre alte Moses lebt mit seinem schwermütigen Vater in einer kleinen Wohnung in der Rue Bleue in Paris. Immer wieder gibt ihm sein Vater zu verstehen, dass er im Grunde seinen erstgeborenen Sohn Popol vorgezogen hätte, mit dem seine Frau kurz nach der Geburt von Moses auf und davon gegangen ist. Während sein Vater arbeitet, kümmert sich Moses um den Haushalt. Zum Einkaufen geht er in den Laden von Monsieur Ibrahim, der als weiser Mann gilt, weil er seit vierzig Jahren der Araber in einer jüdischen Straße ist. Für den jungen Moses ist der Laden denn auch tägliche Anlaufstelle. Die wenigen Sätze, die die beiden anfangs miteinander wechseln, wachsen sich bald zu tiefsinnigen Gesprächen aus, denn Monsieur Ibrahim erweist sich als Kenner des Lebens. Vor allem ist er ganz anders als Moses' Vater, der von der Vergangenheit heimgesucht wird und sich dem Leben verschließt. „Jude sein", so sagt er eines Tages zu Moses, „bedeutet einfach, Erinnerungen zu haben. Schlechte Erinnerungen."

Ich hatte gelernt, die Menschen mit den Augen meines Vaters zu sehen. Mit Misstrauen, mit Missachtung ... Mich aber mit einem arabischen Krämer zu unterhalten, auch wenn er kein Araber war – denn „Araber, das bedeutet in der Branche: nachts und auch am Sonntag geöffnet" –, und den Dirnen zu helfen, das waren Sachen, die ich in einem Geheimfach meines Kopfes versteckte, das gehörte nicht zu meinem offiziellen Leben.
„Warum lächelst du nie, Momo?", fragte mich Monsieur Ibrahim.
Diese Frage traf mich wie ein Faustschlag ins Gesicht, ein Tiefschlag, auf den ich nicht vorbereitet war.

„Lächeln ist nur was für reiche Leute, Monsieur Ibrahim. Das kann ich mir nicht leisten."

Sicher um mich zu ärgern, fing er an zu lächeln.

„Meinst du vielleicht, ich bin reich?"

„Sie haben doch immer Scheine in der Kasse. Ich kenne keinen, der den ganzen Tag so viele Scheine sieht."

„Aber die Scheine brauche ich, um die Ware zu bezahlen und die Miete. Am Monatsende, weißt du, bleiben nicht allzu viele davon übrig."

Und er lächelte noch mehr, als wollte er mich ärgern.

„M'sieur Ibrahim, wenn ich sage, dass Lächeln nur was für reiche Leute ist, dann will ich damit sagen, dass es nur was für glückliche Leute ist."

„Na, da irrst du dich aber. Es ist das Lächeln, das glücklich macht."

„Quatsch."

„Versuch's."

„Quatsch", sagte ich.

„Bist du höflich, Momo?"

„Muss ich sein, sonst krieg ich was hinter die Löffel."

„Höflich sein ist gut. Freundlich sein ist besser. Versuch es mal mit einem Lächeln und du wirst sehen."

Nun gut, wie auch immer, wenn man so nett darum gebeten wird von Monsieur Ibrahim, der mir eine Büchse Sauerkraut allerfeinster Qualität rüberschiebt, warum es dann nicht versuchen ...

Am nächsten Tag benehme ich mich wirklich wie ein Blöder, als ob mich in der Nacht was gestochen hätte: Alle und jeden lächle ich an.

„Nein, Madame, ich bitte um Entschuldigung, die Aufgabe in Mathe hab ich nicht verstanden."

Zack: Lächeln!

„Ich hab sie nicht geschafft!"

„Gut, Moses, ich werde sie dir noch einmal erklären."

Noch nie erlebt. Kein Anschnauzer, kein Tadel. Nichts.

In der Schulkantine ...

„Könnte ich noch ein bisschen Maronencreme haben?"

Zack: Lächeln!

„Ja, mit einem Klacks Quark ..."

Und ich krieg's.

Beim Sport gebe ich zu, dass ich meine Turnschuhe vergessen habe.

Zack: Lächeln!

„Sie müssen noch trocknen, M'sieur ..."

Der Lehrer lacht und klopft mir auf die Schulter.

Ich bin wie im Rausch. Keiner kann mir widerstehen. Monsieur Ibrahim hat mir die wirksamste aller Waffen gegeben. Ich befeuere die ganze Welt mit meinem Lächeln. Ich werde nicht mehr wie Ungeziefer behandelt. [...]

Am Abend, als mein Vater nach Hause kommt, helfe ich ihm, wie jeden Abend, aus dem Mantel, umschwänzle ihn dann, im Licht, um sicher zu sein, dass er mich auch sieht.

„Das Essen ist fertig."

Zack: Lächeln!
Er schaut mich erstaunt an.
Ich lächle weiter. Am Ende des Tages ist das zwar sehr anstrengend, aber ich halte durch.
„Du hast was ausgefressen."
Schluss mit Lächeln.
Aber ich lass mich nicht entmutigen.
Beim Nachtisch versuch ich's wieder.
Zack: Lächeln!
Er schaut mich unbehaglich an.
„Komm mal her", sagt er.
Ich spüre, dass mein Lächeln gewinnen wird. Hoppla, ein neues Opfer. Ich komme näher. Vielleicht will er mir einen Kuss geben? Er hat mir mal erzählt, dass er Popol gerne einen Kuss gegeben hat, weil der ein sehr verschmuster Junge war. Vielleicht hatte Popol das mit dem Lächeln schon von Geburt an kapiert? Oder meine Mutter hatte sich Mühe gegeben, es Popol beizubringen.
Ich geh ganz nah an meinen Vater heran, lehne mich an seine Schulter. Seine Wimpern klimpern. Ich lächle, grinse, von einem Ohr zum anderen.
„Du brauchst eine Zahnspange. Ich habe bis heute nicht bemerkt, dass du vorstehende Zähne hast."
Ab diesem Abend fing ich an, nachts, kaum war mein Vater eingeschlafen, runter zu Monsieur Ibrahim zu gehen.

c) Formuliere eine Überschrift, die etwas über den Inhalt des Textausschnitts verrät.

d) Wen lächelt Momo an, was bezweckt er damit und welche Reaktion erhält er darauf?

Wen?	Warum?	Reaktion?

2 Sprachliche Wendungen verstehen

Erkläre in wenigen Worten, was mit den folgenden Formulierungen gemeint ist:

... das waren Sachen, die ich im Geheimfach meines Kopfes versteckte ... (Z. 4 f.)

Diese Frage traf mich wie ein Faustschlag ins Gesicht ... (Z. 8)

Am nächsten Tag benehme ich mich wie ein Blöder, als ob mich in der Nacht was gestochen hätte ... (Z. 32 f.)

3 Sich mit literarischen Figuren beschäftigen

Beschäftigt euch etwas näher mit den drei Figuren des Textes, Momo, seinem Vater und Monsieur Ibrahim. In welchem Verhältnis stehen sie zueinander? Markiert wichtige Stellen im Text und formuliert eure Erkenntnisse.

Momo und sein Vater: ______________________________

____

____

Momo und Monsieur Ibrahim: ______________________________

____

____

Momos Vater und Monsieur Ibrahim: ______________________________

____

____

4 Weiterführende Fragen diskutieren

a) Nicht nur ein Lächeln hilft uns im Leben oft weiter, auch andere Dinge erleichtern das Zusammenleben mit anderen. Welche Dinge sind das? Nenne sie stichpunktartig.

____

____

____

b) Berichte von einer Situation aus deinem Leben, in der dir dein (gutes) Verhalten geholfen hat, diese Situation zu meistern. Denke daran, wer daran beteiligt war, wo es stattfand, was du getan hast und wie andere darauf reagiert haben.

____

____

____

____

____

____

Eine Kurzgeschichte erschließen

1 Den Inhalt erfassen

a) Lies die Kurzgeschichte still durch.

Max Bolliger
Sonntag

„Was möchtest du?“, fragte der Vater.

Daniela studierte die Karte und entschied sich für Riz colonial.

„Gern!“, sagte der Kellner. Er behandelte Daniela wie eine Dame.

Das Restaurant war bis auf den letzten Platz besetzt. Am Nebentisch saß ein Ehepaar mit zwei Kindern. Die beiden stritten sich wegen einer kleinen Puppe aus Plastik. Die Mutter versuchte, den Streit zu schlichten. Daniela sah, wie der Junge seine Schwester unter dem Tisch dauernd mit den Füßen stieß. Das Dessert machte dem Gezank ein Ende.

Daniela erinnerte sich, wie sehnlichst sie sich einmal ein Schwesterchen gewünscht hatte.

„Wie geht es in der Schule?“, fragte der Vater.

„Wie immer“, antwortete Daniela.

„Wird es fürs Gymnasium reichen?“

„Ja, ich hoffe es.“

Daniela wusste genau, dass ihre Noten weder in Mathematik noch in Französisch genügten. Dann eben eine kaufmännische Lehre ... oder Arztgehilfin ... Sie wollte jetzt nicht daran denken.

„Für mich waren Prüfungen nie ein Problem“, sagte der Vater.

Daniela war froh, als der Kellner das Essen brachte.

Der Reis mit Fleisch und Früchten schmeckte ihr.

„Deine Mutter konnte nie richtig kochen“, sagte der Vater.

Daniela gab darauf keine Antwort.

„Ich brauche einen neuen Wintermantel“, sagte sie.

„Schon wieder?“

„Ich bin seit dem letzten Jahr zehn Zentimeter gewachsen.“

„Wofür bezahl ich eigentlich Alimente?“

„Mutter sagt, das Geld reiche nur für das Nötigste.“

„Gut! Aber ich will die Rechnung sehen.“

„Wünschen die Herrschaften ein Dessert?“

Der Kellner versuchte, mit Daniela zu flirten.

„Nein danke!“, sagte sie, obwohl sie sich heute früh in der Kirche ausgedacht hatte, Vanilleeis mit heißer Schokoladensoße zu essen.

Nach dem Essen fuhren sie am See entlang.

Der Vater hatte ein neues Auto.

Er sprach über Autos wie die Jungen in der Schule.

Daniela verstand nicht, warum man sich über ein Auto freuen konnte, nur weil es einen starken Motor hatte.

Aus dem Radio erklang Volksmusik. Sie fiel Daniela auf die Nerven. Aber sie stellte sie trotzdem lauter.

„Hast du viel Arbeit?“, fragte sie.

„Wir bauen eine neue Fabrik.“

Der Vater war Ingenieur. Daniela betrachtete ihn von der Seite, neugierig, wie einen Gegenstand. Sein Gesicht war braun gebrannt, sportlich. Der Schnurrbart stand ihm gut.

Hatte er ihre Gedanken erraten?

„In zwei Wochen werde ich vierzig! Aber alle schätzen mich jünger.“

Daniela lachte. Ihr schien er älter.

„Wie alt bist du eigentlich?“

„Hundert!“, sagte Daniela.

„Nein, ehrlich ...!“

„Das solltest du doch wissen. Du fragst mich jedes Mal ... Im Januar dreizehn.“

„Dreizehn! Hast du einen Freund?“

„Nein!“, sagte Daniela.

„Das wundert mich. Du siehst hübsch aus!“

„Findest du?“

„So ... erwachsen!“

Auf einer Terrasse am See tranken sie Kaffee.

Daniela beobachtete die Segelschiffe.

Der schöne Herbstsonntag hatte unzählige Boote aufs Wasser hinausgelockt.

Der Vater war verstummt und schaute alle fünf Minuten auf seine Uhr.

„Ich habe um vier eine Verabredung.“

„Also, gehen wir doch“, sagte Daniela und erhob sich.

Der Vater schien erleichtert.

„Ich bringe dich nach Hause“, sagte er.

„Ach, du bist schon wieder da?“, sagte die Mutter.

Sie war noch immer im Morgenrock. Während der Woche arbeitete sie halbtags in einer Modeboutique. „Sonntags lasse ich mich gehen“, sagte sie zu ihren Freunden, „sonntags bin ich nicht zu sprechen.“

„Er hatte eine Verabredung“, erzählte Daniela.

Die Mutter lachte.

„Ich möchte wissen, warum er eigentlich darauf besteht, dich zu sehen. Im Grunde liegt ihm doch nichts daran. Nur weil es das Gericht so entschieden hat und um mich zu ärgern.“

Daniela wurde wütend.

„Es geht ihm ausgezeichnet“, sagte sie. „Er hat sich ein neues Auto gekauft und sieht prima aus.“

Die Mutter zuckte bei ihren Worten zusammen.

„Und den Wintermantel?“, fragte sie.

„Bewilligt!“

Die Mutter griff sich mit der Hand an die Stirne.

„Diese Kopfschmerzen!“, stöhnte sie. „Hol mir eine Tablette im Badezimmer!“

Daniela gehorchte.

„Ich gehe jetzt“, sagte sie nachher.

„Hast du keine Aufgaben?“

„Nein!“

„Aber komm nicht zu spät zurück!“

„Ich esse bei Brigitte.“

„Gut, bis neun Uhr. Ich lege mich wieder hin.“

Als Daniela die Tür des Lokals öffnete, schlug ihr eine Welle von Rauch- und Kaffeegeruch entgegen. An den niederen Tischen saßen junge Leute, die meisten in Gespräche vertieft. Die Wände waren mit Postern tapeziert.

Danielas Augen gewöhnten sich allmählich an das Halbdunkel.

Suchend schaute sie sich um.

Der Discjockey nickte Daniela zu.

„Well, I left my happy home to see what I could find out“, sang Cat Stevens.

Ja, er hatte Recht. Um herauszufinden, wie die Welt wirklich war, musste man sein Zuhause verlassen.

Heinz hatte Daniela den Text übersetzt. Heinz war schon sechzehn Jahre alt. Sie war stolz darauf.

Er saß in einer Ecke und winkte.

Aufatmend setzte sich Daniela neben ihn. Er legte einen Arm um ihre Schultern.

„Hast du den Sonntag überstanden?“, fragte er.

„Ja. Gott sei Dank!“

„War es schlimm?“

„Es geht ... wie immer.“

„Mach dir nichts draus.“

Daniela kuschelte sich an ihn.

„Was meinst du, werden wir es besser machen?“, fragte sie. „Wenn wir einmal erwachsen sind?“

In ihrer Stimme klangen Zweifel.

„Natürlich“, sagte Heinz, „natürlich werden wir es besser machen.“

b) Die Kurzgeschichte trägt den Titel „Sonntag“. Erkläre, was Daniela an diesem Wochentag tut und wie sie sich dabei fühlt.

2 Bedeutung aus dem Zusammenhang erschließen

Erschließe folgende fremdsprachliche Wendungen aus dem Zusammenhang. Gib die Zeile an, in der du die Erklärung gefunden hast.

„Riz colonial“ (Z. ____)

„Well, I left my happy home to see what I could find out ...“ (Z. ____)

3 Sich mit literarischen Figuren beschäftigen

a) Welches Verhältnis hat Daniela zu ihrer Mutter und ihrem Vater? Markiere wichtige Stellen im Text und schreibe dann auf.

Daniela und ihre Mutter:

Daniela und ihr Vater:

b) In welcher Hinsicht hat Danielas Situation Ähnlichkeit mit der Momos aus dem Text „Monsieur Ibrahim und die Blumen des Koran“ auf den Seiten 32 ff.? Schreibe deine Gedanken dazu auf.

4 Weiterführende Fragen diskutieren

a) Am Ende des Textes fragen sich Daniela und Heinz, ob sie es einmal besser machen werden. Wie stellst du dir ein glückliches Familienleben vor?

b) Was kann aus deiner Sicht der Einzelne dazu beitragen, ein glückliches Familienleben zu führen?

Meinungen und Anliegen darlegen

Sich mit Fragen und Standpunkten beschäftigen

Neue Initiative für Schuluniform

Schulleiter aus dem Raum Straubing geben einheitlicher Schulkleidung keine reellen Chancen

Irgendwann ist es so weit. Irgendwann muss es der bestimmte Turnschuh sein, auf dem Pulli ein angesagtes Label durchscheinen und auf dem Rucksack das Abzeichen einer bestimmten Firma prangen. Wer seinen Teeny trendy in die Schule schicken will, der muss ziemlich tief in die Tasche greifen. Zu tief für viele Eltern.

Doch viele Eltern glauben: Wenn ihr Kind nicht mit der Zeit geht, so geht es mit der Zeit als Außenseiter durch die Welt.

Diesen „spannungsgeladenen Modeschauen an den Schulen“ will ein niederbayerischer Landtagsabgeordneter entgegenwirken. Der ehemalige Lehrer startete eine Initiative zur freiwilligen Einführung einer einheitlichen Schulkleidung für Jungen und Mädchen an bayerischen Schulen.

Der Wettlauf mit der Mode bei Kindern, der häufig die Finanzen der Eltern überfordert und bereits aus bekannten Fällen das Schulklima störe, würde durch eine einheitliche Schulkleidung eingeschränkt und einem stärkeren Gemeinschaftsgefühl Platz machen, argumentiert der Landtagsabgeordnete.

„Die bisherigen Erkenntnisse von der Schulkleidung im Ausland bzw. von Modellschulen in Hamburg zeigen deutlich, dass durch die Schulkleidung eine Klasse oder auch die Schule besser zusammenwächst, sich mehr als Gemeinschaft sieht und offenbar das Arbeits- und Lernklima positiv beeinflusst wird“, schrieb der Abgeordnete an das Bayerische Kultusministerium. Dabei denkt er beileibe nicht an die traditionellen, steifen Schuluniformen, wie man sie etwa aus England kennt. Vielmehr an bestimmte Varianten einheitlich farbiger Oberteile, kombiniert mit Hosen oder Röcken in verschiedenen Varianten, die cool geschneidert, aber auf alle Fälle für jeden erschwinglich sein sollen.

Schulleiter aus Straubing geben der Initiative

des Landtagsabgeordneten allerdings kaum Chancen, obwohl sie einer einheitlichen Schulkleidung durchaus auch positive Effekte zutrauen.

„Man könnte sich sicherlich darüber unterhalten und ich glaube, dass es auch einen Teil der Schüler und Eltern gibt, die so etwas unterstützen“, erklärte die Leiterin eines Gymnasiums. Sie gibt der Initiative aber „ehrlich gesagt keine Chance, weil wir überhaupt keine Tradition haben, was Schuluniformen angeht“. Allerdings meint sie auch, dass eine engere Beziehung zur Schule für manche Schüler entstehen könnte.

Ein anderer Schulleiter gibt dem Vorhaben zwar auch wenige Chancen, jedoch ist er der Ansicht, dass man mit einer einheitlichen Kleidung die lockere Kleidung, vor allem bei Schülerinnen, etwas regulieren könne.

„Die Schüler sind gar nicht so sehr dagegen“, weiß die Leiterin einer Volksschule zu berichten. Natürlich gebe es manche, die behaupten, dass die Individualität verloren gehe, und daher die Uniform ablehnen. „Die Meinungen sind geteilt, wenn sie aber mitreden dürften, wäre die Mehrheit der Schüler für eine schicke einheitliche Schulkleidung. Und wenn ich in die Klassen schaue, sind wir ja gar nicht so weit weg. Die meisten tragen ja ohnehin schon Jeans und T-Shirt.“

1 a) Welche Argumente sprechen für, welche gegen Schulkleidung? Suche entsprechende Aussagen im Text.

für Schulkleidung	gegen Schulkleidung

Merke!
Argument: Behauptung mit Begründung und/oder Beispiel

b) Welcher Meinung bist du? Begründe mit Hilfe von Stichpunkten.

2 a) Untersuche folgende Meinungen von Schülerinnen und Schülern:

Simon S.: Nicht nur Kleidung kann ein Statussymbol sein, da reichen elegante Schuhe oder eine teure Armbanduhr. Und billiger als mit Markenkleidung kommt man da auch nicht weg, denn in der Freizeit will man sicher etwas anderes als die Uniform anziehen. Also muss man sich deutlich mehr Kleidung kaufen.

Christina P.: Na gut, es würde wohl weniger Hänseleien geben, nur weil man die falsche Marke trägt. Aber bei einheitlicher Kleidung wirft sich ein anderes Problem auf, denn nicht alles steht jedem gleich gut. Beispielsweise stehen manchen Mädchen Röcke besser und anderen Hosen. Oder die Farbe der Uniform passt schlechter zu den Haaren.

Sabine K.: Soziale Unterschiede werden verdeckt und die Identifikation mit der Schule wird stärker. So eine Uniform muss ja auch nicht langweilig sein. Zu viel darf aber auch nicht vorgeschrieben werden. Mädchen sollten entscheiden können, ob sie Hose oder Rock wählen.

Frank P.: Ich halte nichts von Schuluniformen. Der persönlichen Individualität wird dabei überhaupt nicht Rechnung getragen. Man muss ja nur nach Japan sehen, wo die Mädchen Schuluniformen tragen müssen und sich nach der Schule in fünf Minuten komplett umstylen.

b) Stelle ihre Begründungen in Stichworten gegenüber.

Name	Pro	Kontra

3 Sind folgende Aussagen pro oder kontra Schuluniform? Oder lässt sich das vielleicht gar nicht entscheiden? Setze ein P, ein K oder ein Fragezeichen in die Kästchen hinter die Aussagen.

- *Meine Kleidung muss zu meiner Laune passen.* ☐
- *Jeans und ein einheitliches Sweat- oder T-Shirt fänd' ich klasse.* ☐
- *Kinder in Uniform sind doch das Letzte!* ☐
- *Das ewige „Was soll ich bloß anziehen?" kann einen zur Verzweiflung treiben.* ☐
- *Mode hat mir schon immer Spaß gemacht.* ☐
- *Ich interessiere mich mehr für das Innenleben von Menschen.* ☐
- *Die Klamotten zeigen sofort, zu welcher Gruppe man gehört.* ☐
- *Ob Markenzwang oder Uniformzwang – „erzwungen" wird doch beides.* ☐
- *Dieser Terror um Markenklamotten nervt echt.* ☐
- *Meine Kleidung ist ein Stück meiner Persönlichkeit; darüber möchte ich selbst entscheiden.* ☐
- *Hängt Zusammengehörigkeitsgefühl denn von Äußerlichkeiten ab?* ☐
- *Mit Billigmarken hat man doch keine Chance.* ☐
- *Herbstfarben stehen mir am besten.* ☐

Einen Leserbrief schreiben

In vielen Ländern der ganzen Welt sind die Kinder mit der Schulkleidung einverstanden. Es gibt ein Gefühl des Gemeinsamen, ein Gefühl der Identität. Warum probieren wir es nicht mal aus? Ich glaube nicht, dass es gefährlich ist, sich für Einheitskleidung zu entscheiden, da jeder Mensch seinen eigenen Charakter hat und somit auch „auffallen" kann.

Kerstin Hamann, Berlin

Merke!

Leserbrief:
- treffende Überschrift
- Anlass des Leserbriefes nennen
- eigene Meinung mit Begründung
- kurze Zusammenfassung und/oder eigene Ideen

4 a) Welcher Ansicht ist die Schreiberin? Mit welchen Begründungen stützt sie ihre Ansicht? Notiere.

b) Überlege dir mögliche Gegenargumente.

c) Der Leserbrief hat keine Überschrift. Formuliere eine kurze Schlagzeile.

d) Schreibe deine Meinung zum Thema „Schulkleidung" ebenfalls in einem Leserbrief.
Möglichkeit 1: Du bist eindeutig pro oder kontra Schuluniform.
Möglichkeit 2: Du verwendest sowohl Pro- als auch Kontra-Argumente.

Jugendliche sollen vor Handyschulden besser geschützt werden
vom 2005-02-28 12:39:54

Jugendliche brauchen eine Art „Sicherheitsgurt“, um beim Handytelefonieren nicht in die Schuldenfalle zu tappen, betonte Bayerns Verbraucherschutzminister Werner Schnappauf heute in München und begrüßte in diesem Zusammenhang die neuen Serviceangebote einiger Mobilfunkanbieter. Schnappauf: „Neben günstigen Gebühren sind bei den neuen speziellen Handyverträgen teure 0190er-Nummern von vornherein gesperrt und die Eltern können bereits beim Kauf festlegen, mit welchem Betrag die Karte ihrer Kinder höchstens aufgeladen wird. So können Eltern ihre Kinder wirksam vor der Schuldenfalle schützen.“ Dies sei dringend notwendig, denn schon 50 Prozent der 11- und 12-Jährigen telefonieren nach Schätzungen mit dem eigenen Handy, und das, ohne die Kosten ausreichend beurteilen zu können.

Jeder zweite Jugendliche mit Schulden

Experten zufolge hat bereits jeder zweite Jugendliche Schulden. Neben überzogenen Ausgaben für Kleidung und Freizeit sei Grund dafür auch der sorglose Umgang mit dem Handy, so der Minister weiter. Schnappauf: „Jugendliche Vieltelefonierer werden schneller als gedacht zu jugendlichen Dauerverschuldeten. Die Handyschulden können sich schnell auf mehrere hundert Euro im Monat summieren. Hier geben die speziellen Serviceangebote der Mobilfunkanbieter den Eltern ein wirksames Mittel, die Ausgaben der Kinder fürs Telefonieren zu kontrollieren und zu deckeln.“

Handy ist normal ab 12

Untersuchungen zufolge haben rund 82 Prozent der 12- bis 19-Jährigen in Deutschland ein Handy, Tendenz steigend. Mit massiven Werbekampagnen in Fernsehen, Internet und Printmedien werden Jugendliche verleitet, sich gegen teure Gebühren beispielsweise Logos, Klingeltöne, Spiele und Sportergebnisse auf ihr Handy zu laden. Insgesamt belaufen sich deutschlandweit die Ausgaben der Jugendlichen für die Handynutzung auf rund 860 Millionen Euro jährlich.

1 a) Warum ist es laut Herrn Schnappauf notwendig, dass Kinder und Jugendliche eine Art „Sicherheitsgurt“ beim Telefonieren mit dem Handy erhalten?

b) Warum tappen jugendliche Handynutzer oft in die Schuldenfalle?

2 Welcher Meinung bist du? Begründe mit Hilfe von Stichworten!

Handy pro	Handy-Schuldenfalle

3 Dieser Artikel wurde im Internet veröffentlicht. Vielfach bieten Internetseiten Foren an, in denen zu ihren Nachrichten Stellung genommen werden kann. Folgende Forenbeiträge wurden hierzu „gepostet“.

a) Stelle fest, ob die Schreiber für oder gegen diese Idee sind.

XXkennyXX 	hi das finde ich gut is ne maßnahme die jungen leuten hilft, mfg KENNY 
Naana	also ich finde diese idee überhaupt nicht gut ☹ das mit den kosten kann ja jeder selbst kontrollieren 
Stanley	ja für mich wär so was echt mal gut. 

b) Auch in Internetforen sollte der richtige Aufbau einer Meinungsäußerung eingehalten werden. Nämlich
- treffende Überschrift,
- Anlass des Postings nennen,
- eigene Meinung mit Begründung,
- kurze Zusammenfassung und/oder eigene Ideen.

Überarbeite die vorliegenden Postings wie im Beispiel unten und schreibe anschließend deinen eigenen Forumsbeitrag. Benutze dazu deinen Computer oder dein Schulheft.

Name, Datum	**Beitrag**
Kenny 03.05.05	**Schluss mit Handyschulden** Gerade habe ich Ihren Beitrag über die Vorschläge des Verbraucherschutzministers Schnappauf gelesen. Ich finde die vorgeschlagenen Maßnahmen gut, weil sie junge Leute wahrscheinlich wirklich davor bewahren können …

denn, nachdem, aber, sondern, seitdem, oder, damit, obwohl, während, weil, indem, doch

Richtig schreiben

Großschreibung von Nomen

bestimmter Artikel

unbestimmtes Zahlwort

Graffiti kannten schon die Ägypter, Griechen und Römer.

Hast du das gewusst?

Wer kennt sie nicht – die bekritzelten Wände, Mauern, Züge, Brücken mit Botschaften, die dem Betrachter meist verschlossen bleiben. Doch Graffiti sind nicht etwa eine Zeiterscheinung unserer Tage. Schon die alten Ägypter, Griechen und Römer verewigten sich auf diese Weise. Bei Ausgrabungen am westlichen Nilufer wurden zum Beispiel Graffiti und Wandkritzeleien griechischer Besucher entdeckt, die aus dem 6. Jahrhundert vor Christi Geburt stammen. In Pompeji, das 79 nach Christus beim Ausbruch des Vesuvs verschüttet wurde, fanden Wissenschaftler zahllose Wandkritzeleien in Tempeln, Wirtshäusern und öffentlichen Bädern. Bislang hat ihnen die Forschung nur wenig Aufmerksamkeit geschenkt. Das liegt wohl daran, dass die Graffititexte von bescheidenem Umfang und nicht sorgfältig mit Hammer und Meißel in Stein gehauen waren, sondern auf eine beliebige Fläche gekritzelt worden sind.

1 a) Du weißt sicher, was mit „Graffiti“ gemeint ist, doch schlage im Wörterbuch nach, welche „Übersetzungen“ dort angeboten werden.

b) Im Text sind einige Nomen mit ihren Begleitwörtern unterstrichen. Schreibe die Namen dieser Begleitwörter in die Randspalte der jeweiligen Zeile.

2 Die alten Ägypter unterschieden nicht nach Groß- und Kleinschreibung so wie wir. Aber schwierig sind unsere Regeln für die Großschreibung auch nicht, denn sie lassen sich fast alle auf wenige Grundregeln zurückführen.

a) Ergänze das fehlende Wort:

_______________ *schreibt man groß.*

b) Woran erkennt man Nomen? Ergänze:

Nomen erkennt man an _______________

_______________________________.

3 Ergänze die Tabelle mit 20 Beispielen von Nomen aus dem Text auf Seite 48. Achte darauf, dass in jeder Spalte Wortbeispiele stehen.

bestimmter Artikel + Nomen	**unbestimmter Artikel + Nomen**	**„gedachter“ Artikel vor Nomen**	**Präposition/verschmolzener Artikel + Nomen**
die Ägypter			

Demonstrativpronomen (hinweisendes Fürwort) + Nomen	**Possessivpronomen (besitzanzeigendes Fürwort) + Nomen**	**unbestimmtes Zahlwort + Nomen**
	unserer Tage	

4 Zwischen Begleitwort und Nomen können noch andere Wörter geschoben sein, z. B.:

die	bekritzelten	Wände
↓		↓
bestimmter Artikel		Nomen

a) Schreibe weitere vier Beispiele aus dem Text auf, gib dabei den Bezug von Begleitwort und Nomen durch einen Pfeil an.

b) Untersuche den folgenden Satzanfang und gib durch einen Pfeil den Bezug von Begleitwort und Nomen an:

Die für die damalige Zeit erstaunlich großen Pilgergruppen …

über und über, römisch, groß, wertvoll, neu, frisch gestrichen, farbig, unbekannt, unleserlich, international …

c) Wähle fünf Nomen aus dem Text von Seite 48 aus und schreibe mehrere Wörter zwischen Nomen und Begleitwort. Achte darauf, dass sinnvolle Wortgruppen entstehen.

5 a) Wiederhole noch einmal die wichtigsten Regeln für die Schreibung von Nomen. Lass dich von deiner Lernpartnerin/deinem Lernpartner abhören.

b) Schreibe mögliche Begleitwörter von Nomen auf, ohne auf den entsprechenden Seiten nachzuschlagen.

6 Korrigiere den Fehlertext.

Das, was wir heute als Graffiti bezeichnen, wurde in den späten Sechzigerjahren des letzten jahrhunderts „geboren“.

Damals entdeckten amerikanische jugendliche in New York einen neuen Zeitvertreib. Mit dicken Filzstiften schrieben sie ihre spitznamen an Wände, U-Bahn-Züge und lieferwagen.

Taki, der Sohn griechischer einwanderer, gilt als der Erfinder der modernen Graffiti. Er arbeitete als Botenjunge; auf seinen täglichen fahrten durch die Stadt hinterließ er die abkürzung seines namens (TAK 183) an vielen Wänden und mauern.

1971 erschien ein artikel über seine schriftzüge, mit dem resultat, dass in den nächsten wochen unzählige Jugendliche diesem vorbild folgten. Immer mehr Namen an oft unzugänglichen stellen tauchten im stadtbild auf. Die Filzstifte wurden bald durch Farbspraydosen ersetzt, die einen großflächigen farbauftrag erlaubten.

Graffiti waren damals nicht nur freizeitbeschäftigung, sondern dienten Jugendgangs oft als abgrenzung ihres Reviers innerhalb der Gettos. Deutsche sprayer machten erst in den Achtzigerjahren auf sich aufmerksam.

a) Markiere Falschschreibungen (20 Fehler haben sich eingeschlichen).

b) Schreibe die Fehlerwörter in der richtigen Schreibweise in die Randspalte.

c) Wähle ein Fehlerbeispiel aus und erkläre deiner Lernpartnerin/deinem Lernpartner die richtige Schreibweise.

d) Vergleiche mit dem Lösungsheft.

Aus Verben werden Nomen

tätowieren	Auch (das) Tätowieren hat eine lange Tradition, denn schon die ersten
bemalen	Höhlenmenschen kannten das ______________ des eigenen Körpers.
stechen	Zum ______________ der oft kunstvollen Figuren benutzten sie Knochen-
	nadeln, Holzkohle, farbige Erde und Ruß. Erst viel später entdeckte man beim
experimentieren	______________ die Vorteile von Tinte.
abschrecken	Die frühen Tätowierungen dienten als Schmuck, aber auch zum ______________
tätowieren	der Feinde. Später verband man mit dem ______________ auch
	praktische und religiöse Zwecke. Die mittelalterlichen Seefahrer zum Beispiel ver-
aufmalen	suchten, sich durch das ______________ eines Kreuzes eine christliche
sichern	Bestattung zu ______________, falls sie fern der Heimat sterben sollten.
	James Cook brachte 1775 von seinen Reisen in die Südsee einen Tahitianer nach
anwachsen	Europa, dessen kunstvolle Tätowierung zu einem raschen ______________
	der Tätowierungswelle bei Seeleuten führte.
tätowieren	Bei der aktuellen Lust am ______________ handelt es sich nicht um
entdecken	eine neue Mode, sondern um das ______________ einer alten Tradition.
auswählen	Neu sind allerdings die vielen Motive, die das ______________ schwierig
machen, vermindern,	______________. Allergiegetestete Farben und Einwegnadeln ______________
tätowieren, abheilen	die Risiken beim ______________, auch beim ______________
	treten kaum noch Probleme auf. Schwierig und schmerzhaft bleibt trotz Laser-
entfernen	technik aber nach wie vor das vollständige ______________ ungeliebter
	Tätowierungen. Deshalb sollte man gut überlegen, ob man sich tätowieren lässt!

1 a) Um welche Wortart handelt es sich bei den Wörtern der Randspalte?

____

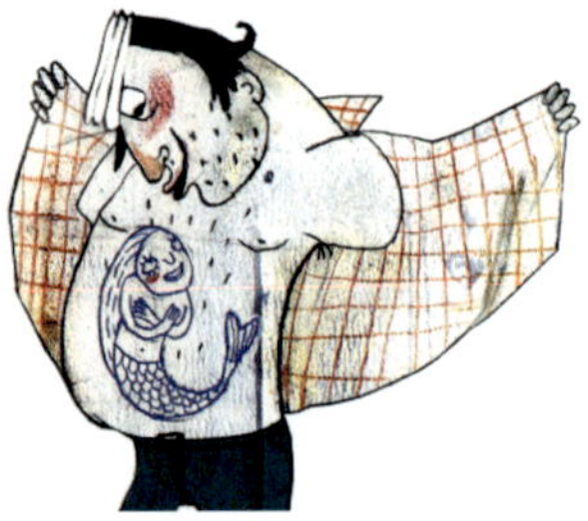

b) Ergänze die Lücken im Text und markiere die jeweiligen Begleitwörter der Lückenwörter.

c) Wie verändert sich die Schreibweise der meisten Wörter der Randspalte, wenn du sie in die Lücken setzt?

____

d) Achtung: Welche drei Wörter verändern ihre Schreibweise nicht? Begründe die Schreibweisen.

____

2 Welche Begleitwörter von Nomen, die aus Verben (im Infinitiv) entstanden sind, kommen im Text vor?

bestimmter Artikel,

Merke!
Verben können als Nomen verwendet werden, wenn sie einen Begleiter haben, z. B.:
das Lesen,
zum (zu dem) Lesen,
beim (bei dem) Lesen

3 Oft wird zwischen Begleitwort und Nomen aus Verben im Infinitiv noch ein weiteres Wort geschoben, z. B.:

das → rasche → Anwachsen

a) Bilde Wortgruppen aus Begleitwörtern, eingeschobenen Wörtern und Nomen aus Verben.

richtig gründlich einfärben entdecken reinigen pflegen beliebt arbeiten sicher dauerhaft modern abzielen zufällig entfernen schmerzlos bunt kunstvoll

wenig
dieses
unser
viel
jener
sein
alle

Begleitwort	eingeschobenes Wort	Nomen aus Verben
ein	*dauerhaftes*	
zum		

b) Wähle drei Beispiele aus und schiebe mehrere Wörter zwischen Begleitwort und Nomen aus Verben. Verbinde Begleitwort und Nomen mit einem Pfeil.

4 Prüfe dein Wissen.

Verhaltensregeln für Tattoo-Fans

best. Artikel + Nomen aus Verb

Verb

Auf jeden Fall sollte vor dem ~~tätowieren~~/Tätowieren der Rat der Eltern eingeholt werden. Beim auswählen/Auswählen eines Motivs immer daran denken, dass eine Tätowierung ein Leben lang hält und Tattoos bald „out“ sein können. Man sollte immer einen Tätowierer aufsuchen/ ~~Aufsuchen~~, der für sorgfältiges Arbeiten/arbeiten bekannt ist. Vor dem tätowieren/Tätowieren sollte man auf Sonnenbäder verzichten/Verzichten, denn UV-Strahlen erweitern die Hautporen, sodass es beim tätowieren/Tätowieren mehr blutet.

Drogen- und Alkoholkonsum vor dem tätowieren/Tätowieren erhöhen die Gefahr eines Kreislaufkollapses.

Zum waschen/Waschen nur Wasser und pH-neutrale Seife verwenden/Verwenden. Anschließend empfiehlt sich über zwei Wochen mehrmaliges eincremen/Eincremen. Beim auftragen/Auftragen der Creme sollte man nicht zu fest reiben/Reiben. Bis zum verheilen/Verheilen der Tätowierung sollte jeder Sauna und Schwimmhallen meiden/Meiden. Während des abheilens/Abheilens entsteht ein Juckreiz; kratzen/Kratzen oder das ablösen/Ablösen der Kruste kann das Tattoo beschädigen/Beschädigen. Das entfernen/Entfernen der Tätowierung ist schmerzhaft, teuer und hinterlässt oft hässliche Narben.

a) Streiche die falsche Schreibweise durch.

b) Notiere in der Randspalte die Begründung für die richtige Schreibweise.

c) Vergleiche mit dem Lösungsheft und verbessere, wenn nötig.

Aus Adjektiven werden Nomen

Kaugummi – auch das ist nichts Neues

Dass man bei Ausgrabungen immer wieder auf Unvorhersehbares stößt, ist Wissenschaftlern bewusst. Doch damit hatten die Wissenschaftler in Schweden nicht gerechnet. Bei Grabungen entdeckten sie neben allerlei Unspektakulärem wie Walknochen, Apfelresten und Fischgräten etwas Gummiartiges, Zähes: einen Kaugummi. Das Bemerkenswerte war sein Alter von 9 000 Jahren. Untersuchungen ergaben, dass die Menschen damals Birkenpech kauten. Kaugummi, so wie wir ihn kennen, ist deutlich jünger. Wer Wissenswertes darüber erfahren möchte, der findet auch im Internet manch Interessantes und Informatives.

Vor rund 100 Jahren brachte ein mexikanischer Befehlshaber aus einem Krieg einen großen Brocken Chicle (eingedickter Milchsaft eines Baumes) mit. Der amerikanische Erfinder Thomas Adams war begeistert von diesem Naturgummistück und stellte daraus kleine Kügelchen her, die er verkaufte. Weil die Menschen nun mal Süßes lieben, mischte er noch Geschmacksstoffe in die Kaugummimasse.

Bekannt wurde der Kaugummi aber erst durch W. Wrigley, einen Backpulverhändler. Um den Verkauf von Backpulver zu steigern, ließ er sich etwas Ungewöhnliches einfallen. Jedem Backpulverkunden schenkte er ein Kaugummikügelchen. Das war etwas gänzlich Neues in der damaligen Verkaufsstrategie. Und er traf voll ins Schwarze. Seine Idee kam so gut an, dass er schon bald seine eigene Kaugummifabrik bauen ließ.

Vor rund 60 Jahren brachten US-Soldaten den Kaugummi nach Europa. Aufs Neue fand er begeisterte Anhänger bei Jung und Alt und war bald in aller Munde.

1 So wie aus Verben Nomen werden können, so können auch Adjektive zu Nomen werden.

a) Markiere im Text die 16 Nomen, die aus Adjektiven entstanden sind.

b) Markiere auch ihre Begleitwörter.

c) Fehlt das Begleitwort, dann schreibe das „gedachte" Begleitwort über diese Nomen.

Nomen aus anderen Wortarten erkennen

1 Wandle diese Wörter in Nomen um und füge sie in sinnvolle Sätze ein. Wechsle mit den Begleitwörtern und auch im Satzbau ab.

kauen | beruhigen | entfernen | rot | außergewöhnlich | grün

Das Kauen soll die Konzentration steigern.

2 Das Erkennen von Nomen, die aus anderen Wortarten entstanden sind, ist für dich kein Problem mehr, wenn du die nachfolgenden Fragen beantworten kannst.

a) Woran erkennt man Nomen aus anderen Wortarten?

Nomen aus anderen Wortarten erkennt man an ______________________ .

b) Welche Begleitwörter kündigen Nomen an? Ergänze folgende Tabelle:

Begleitwort	**Nomen aus Verben oder Adjektiven, z. B.:**
	der Dumme, die Schöne, das Tanzen
	ein fröhliches Feiern,
„gedachter" (ohne) Artikel	
	beim Kaugummikauen,
Possessivpronomen (besitzanzeigendes Pronomen)	
	dieses Trainieren
	vieles , manche

3 Wie viele Fehler entdeckst du? (Nur Verstöße gegen die Groß- und Kleinschreibung)

Manche Halten Kaugummikauen für etwas unästhetisches. Das ständige mahlen der Kiefer erinnert sie an das wiederkäuen bei Rindern. Doch Kaugummikauen ist besser als sein Ruf. Wissenschaftler verweisen auf das positive des Kaugummikauens. Wer zum Beispiel nach einem Essen keine Gelegenheit zum putzen der Zähne hat, der kann diese Aufgabe auch einmal dem Kaugummi überlassen. Das Kauen wird aber das Zähneputzen nicht Ersetzen können. Kaugummikauen hilft auch beim abbauen von Stress und unterstützt das denken, denn intensives kauen fördert die Hirndurchblutung und hält länger wach. Zuckerfreier Kaugummi wird sogar zum abnehmen als Diät empfohlen. Manche Ärzte raten auch, ihn als Mittel gegen das rauchen einzusetzen. Wenn dem Kaugummikauen so viel praktisches und Gesundheitsförderndes zugeschrieben wird, dann wird es erst recht zum vergnügen, auch für das jeweilige Gegenüber, wenn ein paar Regeln beachtet werden: Man sollte nicht ständig und überall mit offenem Mund kauen, das schmatzen kann ein Gegenüber schon abschrecken. Ausgelaugte Kaugummis sind eine Plage, wenn sie überall hingeklebt werden; das entfernen dieser unappetitlichen Reste ist eine unangenehme arbeit.

halten, etwas Unästhetisches,

a) Unterstreiche die falsch geschriebenen Wörter.

b) Notiere sie in der richtigen Schreibweise (mit Begleitwort) in der Randspalte.

Fremdwörter richtig schreiben

X	Y	Z	Q	E	X	P	O	R	T	A	M	I
A	R	G	U	M	E	N	T	A	T	I	O	N
N	I	A	A	I	N	S	E	R	A	T	D	P
W	S	R	L	N	L	I	M	I	T	R	E	R
O	I	A	I	I	M	P	O	R	T	A	L	O
N	K	N	F	M	I	W	T	W	E	N	L	D
C	O	T	I	U	A	M	O	G	S	S	T	U
G	P	I	K	M	B	S	R	Z	T	P	W	K
K	R	E	A	L	G	F	U	S	I	O	N	T
R	A	B	T	A	K	T	I	K	Z	R	M	I
I	X	F	I	N	A	N	Z	E	N	T	O	O
T	I	K	O	N	T	R	O	L	L	E	Y	N
I	S	E	N	G	A	G	E	M	E	N	T	D
K	O	R	I	E	N	T	I	E	R	U	N	G

Wortlistentraining

1 a) Wie viele Wörter entdeckst du? Kreise sie ein.

b) Schreibe sie in die erste Spalte der Wortliste auf Seite 59.

c) Vergleiche mit deinem Lernpartner/deiner Lernpartnerin, dann mit dem Lösungsheft. Ergänze fehlende Wörter in der Wortliste.

d) Was ist all diesen Wörtern gemeinsam? Ergänze:

Alle Wörter sind ______________________.

2 a) Schreibe zu jedem dieser Fremdwörter das passende Verb auf (zweite Spalte).

b) Markiere die Nachsilben. Was fällt dir auf, wenn du die Nachsilben vergleichst?

____

____

3 a) Von welchen Fremdwörtern (erste Spalte) kennst du die deutsche „Übersetzung“ sicher? Trage die Bedeutung in die dritte Spalte ein.

b) Wähle jeweils drei Nomen und Verben aus, über deren Bedeutung du dir nicht im Klaren bist. Schlage im Wörterbuch nach und schreibe die deutsche „Übersetzung“ in die dritte Spalte.

1. Spalte: **Fremdwörter**	2. Spalte: **Verben**	3. Spalte: **Bedeutung**
der Export	exportieren	die Ausfuhr

4 Bilde von fünf Fremdwörtern der ersten Spalte je zwei Zusammensetzungen (Nomen).

5 a) Lass dir von deinem Lernpartner/deiner Lernpartnerin die ersten zehn Fremdwörter aus der ersten Spalte auf Seite 59 diktieren.
Schreibe sie in dein Heft.
Tauscht dann die Rollen. Diktiere jetzt deinem Lernpartner/deiner Lernpartnerin die letzten zehn Fremdwörter.

b) Vergleicht mit der ersten Spalte und kontrolliert, ob alle Fremdwörter richtig geschrieben sind.

c) Schreibe falsch geschriebene Wörter in der richtigen Schreibweise noch einmal in dein Heft und kreise die Fehlerquellen farbig ein.

Fremdwörter mit besonderen Nachsilben

6 Fremdwörter auf **-ion:** z. B.: die Produkt**ion**

a) Schreibe acht Fremdwörter (Nomen) auf, die auf **-ion** enden.

b) Schreibe die Wörter getrennt darunter.

die Produktion
die Pro-duk-ti-on

c) Schlage im Wörterbuch nach und notiere zu sechs dieser Nomen auf **-ion** Wortzusammensetzungen.

die Produktion: die Produktionskosten,

7 Fremdwörter auf **-age, -eur, -ant**

a) Ergänze je drei entsprechende Fremdwörter.

b) Schreibe sie getrennt in die nächste Zeile.

-age	-eur	-ant
die Blamage	*der Jongleur*	*der Informant*
die Bla-ma-ge	*der Jong-leur*	*der In-for-mant*

8 Fremdwörter mit den Nachsilben **-iv** und **-al**

Ergänze je drei Beispiele und schreibe die deutsche „Übersetzung“ dazu.

-iv	-al
primitiv – einfach	*formal –*

9 Zu viele Fremdwörter? Es gibt in Deutschland einen Verein, der sich dafür einsetzt, dass nicht zu viele Fremdwörter in die deutsche Sprache übernommen werden. Vielleicht bietet er folgende Eindeutschungen an:

________________ Flugzeugführer

________________ sachverständig

________________ Beförderungsfahrzeug

________________ mit einem farbigen Stift etwas hervorheben

________________ Gaststätte, die vorwiegend Kaffee und Kuchen anbietet

________________ Schonkost zum Abnehmen

________________ Papierschildchen mit einer Aufschrift (z. B. Preis)

________________ Eindruck machen

________________ Haarwaschmittel

________________ Nachweis der persönlichen Abwesenheit vom Tatort

________________ vom Lehrer vorgesprochene Sätze zur Nachschrift

________________ einem Tier bestimmte Kunststückchen beibringen

________________ Geschwindigkeit

a) Schreibe die passenden Fremdwörter in die Leerzeilen. Achtung, drei Wörter sind Verben! Vergleiche mit dem Lösungsheft.

b) Welche Wörter erscheinen dir als „fremde“ Wörter? Kreuze sie an. Wie viele sind es?

c) Welche Fremdwörter drücken das Gemeinte kürzer und besser aus als die entsprechende Eindeutschung? Markiere diese Fremdwörter.

d) Unterstreiche die Rechtschreibschwierigkeiten, die in diesen Fremdwörtern stecken.

e) Wähle vier Fremdwörter aus und füge sie in sinnvolle Sätze ein.

____

____

____

____

Komma bei Infinitivgruppen mit zu

Merke!

Eine **Infinitivgruppe** muss **durch Kommas abgetrennt** werden, wenn sie
- mit *um, ohne, anstatt, statt, außer, als* eingeleitet wird, z. B.:

Ich gehe nach Hause, um mich hinzulegen.
- von einem **Nomen** abhängt, z. B.:

Janas Vorschlag, eine Party zu machen, wurde besprochen.
- von einem **hinweisenden Wort** abhängt, z. B.:

Tom hatte nicht *damit* gerechnet, diesen Film zu sehen.
Hinweisende Wörter können sein: *davon, daran, darüber, danach, es.*

In den **übrigen Fällen** ist die **Kommasetzung freigestellt.** Es ist aber sinnvoll, die Kommas **immer** zu **setzen,** um **Fehler** zu **vermeiden.** Außerdem stellen sie eine **Lesehilfe** dar.

1 Kreise in den folgenden Sätzen zunächst die Signalwörter ein und unterstreiche die Infinitivgruppe mit zu. Setze anschließend die Kommas richtig ein.

um
ohne
anstatt
außer
als
statt

Ich dachte daran, ihn zu treffen.

Die Idee uns im Keller zu verstecken kam von mir.

Anstatt hier stehen zu bleiben sollten wir lieber losrennen.

Ich wartete darauf den Fehler zu entdecken.

Ich ging mit ihm tanzen ohne ihn zu kennen.

Dirks Plan heimlich auszureißen gefiel mir überhaupt nicht.

Um mehr über Istanbul zu erfahren wollte ich das Buch lesen.

Die Gelegenheit ihn zu treffen wollte ich unbedingt nutzen.

Ich habe nicht im Traum daran gedacht den ersten Preis zu gewinnen.

Sie muss damit leben immer Schmerzen zu haben.

2 Fülle die Lücken mit dem richtigen Signalwort der Wortliste und setze die Kommas.

Um schnell nach Hause zu kommen, nahm ich ein Taxi.

Das Kind rannte über die Straße ____________ auf den Verkehr zu achten.

Es gibt nichts Schöneres __________ bei dir zu sein.

____________ fleißig zu arbeiten beschäftigte er sich mit Computerspielen.

Ich habe heute nichts vor ______________ schwimmen zu gehen.

____________ die Aufgaben abzuschreiben träumte er vor sich hin.

Tipp

Partizip = eine vom Verb gebildete Form, z. B.:
gehen → gegangen

halten
bekommen
gehen
leben
schreiben
werden
machen
nehmen

Lust auf einen Kinobesuch?

Achtung Fehler

Letzte Woche hatten wir alle große Lust ins Kino zu gehen. Wir brauchten lange um uns für einen Film zu entscheiden. Alle diskutierten, welcher Film der beste wäre. Schließlich gelang es uns uns auf einen Film zu einigen. Nur Katja hatte keine Lust sich den Film anzusehen. Wir gingen dann ohne sie. Anke gab sich Mühe pünktlich am Kino anzukommen. Sie war dennoch 20 Minuten zu spät. Ich wollte, dass einer die Karten vorbestellt um uns das Warten an der Kasse zu ersparen. Leider hatte niemand Zeit sich darum zu kümmern. Als wir endlich alle da waren, stand vor dem Kino eine endlose Schlange. Wir mussten eine halbe Stunde warten um vorne an der Kasse zu stehen. Vorn angekommen, teilte man uns mit, dass man an dieser Kasse nur Cola und Popcorn kaufen könne und die Vorstellung bereits begonnen hätte. Um in die nächste Vorstellung zu gehen hätten wir zwei weitere Stunden warten müssen. Für dieses Mal gaben wir die Idee ins Kino zu gehen auf.

3 a) Im Text fehlen bei den Infinitivgruppen mit **zu** die Kommas. Setze sie an den richtigen Stellen ein.

b) Wie geht die Geschichte weiter? Forme die folgenden Stichpunkte zu Infinitivsätzen um. Setze auch hier die Kommas.

anstatt nach Hause gehen – wir besprachen weiteren Abend

Anstatt jedoch nach Hause zu gehen

____.

anderen hatten noch Lust – beim Inder essen gehen

____

____.

ich fasste Entschluss – nicht mehr mitkommen

____

____.

ich beschloss deshalb – allein nach Hause fahren

____

____.

ich brauchte eine Stunde – nach Hause kommen

____

____.

Komma im Satzgefüge

In dieser Woche waren wir jeden Tag im Freibad, weil es sehr heiß war.

In dieser Woche waren wir, weil es sehr heiß war, jeden Tag im Freibad.

Weil es sehr heiß war, waren wir in dieser Woche jeden Tag im Freibad.

1 Verbinde die Sätze mit passenden Konjunktionen. Beachte dabei die Kommasetzung.

Wir waren schon mittags im Freibad.
Wir hatten in der Schule hitzefrei.

Der Sprungturm war gesperrt.
Die Badeanstalt war völlig überfüllt.

Alle wollten auf Tobias' Decke liegen und Musik hören.
Er hatte sein Kofferradio dabei.

2 Bilde mit Hilfe der eingeklammerten Konjunktionen Satzgefüge.

Das Wasser war noch sehr kalt. Wir badeten neulich im See. (als)

Wir waren im Wasser. Unser Geld wurde gestohlen. (während)

Morgen regnet es nicht. Wir können ein Gartenfest machen. (wenn)

Merke!

Komma im Satzgefüge
Zwischen Hauptsatz und Nebensatz steht ein Komma. Der Nebensatz kann Nachsatz, Zwischensatz oder Vordersatz sein.

Merke!

Konjunktionen, die Nebensätze einleiten:
als, dass, damit, indem, nachdem, ob, obgleich, obwohl, sodass, weil, wenn …

Gestern bekamen wir in der Schule hitzefrei. Wir hatten über 32° im Schatten. (weil)

Die Klimaanlage war eingeschaltet. Im Bus war es sehr schön kühl. (da)

Du holst dir keinen Sonnenbrand. Du musst Sonnencreme benutzen. (damit)

Am Abend drohen hoch aufgetürmte Wolkenmassen. Es wird wohl ein Sommergewitter geben. (wenn)

Man friert leicht, wenn man im Sommer nach dem Schwimmen aus dem Wasser kommt.

Lass eine Flasche Wasser und eine Flasche Alkohol über Nacht nebeneinander stehen sodass sie am nächsten Morgen die gleiche Temperatur haben.
Gib einen Tropfen Wasser und einen Tropfen Alkohol nebeneinander auf eine Untertasse damit du die Verdunstung beobachten kannst.
Gieße dir einige Tropfen Wasser auf den einen Handrücken und einige Tropfen Alkohol auf den anderen. Wie fühlen sich die beiden Flüssigkeiten an? Der Alkohol fühlt sich bestimmt kälter an weil er schneller verdunstet. Wenn Flüssigkeiten verdunsten entziehen sie deiner Haut Wärme.
Luft und Wind treffen auf den Körper und beschleunigen die Verdunstung nachdem man aus dem Schwimmbecken gestiegen ist. Weil das Wasser dann sehr schnell verdunstet friert man.

2 Unterstreiche die Konjunktionen, die auf einen Nebensatz hinweisen, und setze die fehlenden Kommas.

Getrennt- und Zusammenschreibung

1 a) Bilde sinnvolle Wortkombinationen.

	+	fahren	=	Rad fahren
	+		=	
Gitarre	+	spielen	=	
Diät	+		=	
Amok	+		=	
Angst	+		=	
	+		=	
Rat	+		=	
	+		=	

b) Bestimme die Wortart dieser Wortpaare. *Klavier* + *spielen*

c) Notiere die Rechtschreibregel.

_____ + _____ → meist _____.

d) Überprüfe, ob du die Wortkombinationen der Wortliste aus 1 a) richtig geschrieben hast.

e) Ergänze die Wortliste oben um fünf weitere Kombinationen.

f) Formuliere die Rechtschreibregel als vollständigen Satz.

2 Diese Regel (Aufgabe 1 f.) gilt für die meisten Kombinationen aus Nomen und Verb.
Leider gibt es auch einige wenige Ausnahmen.
Welche zusammengesetzten Verben sind gemeint? Notiere sie.

teilnehmen ________ ________ ________

3 Nominalisierungen von Nomen + Verb

Eindeutig ist dagegen die Schreibweise, wenn du Kombinationen als Nomen gebrauchst, z. B.:

das Bergsteigen | zum Klavierspielen | beim Handarbeiten | das Radfahren

a) Bilde fünf weitere Beispiele.

b) Bilde fünf Sätze mit solchen Nomen.

Zum Bergsteigen braucht man eine gute Ausrüstung.

4 Getrennt oder zusammen: frei sprechen oder freisprechen?
Um die richtige Schreibweise herauszufinden, gibt es eine Hilfe.

Bedeutung:

frei sprechen	= ohne vom Blatt abzulesen	= wörtliche Bedeutung	→ Getrenntschreibung
freisprechen	= den Angeklagten nicht verurteilen	= übertragene Bedeutung	→ Zusammenschreibung

a) Wende die Hilfen an und schreibe richtig.

fest grün fern leicht nehmen färben sehen fallen hoch

wahr hoch klein rechnen sagen schreiben springen

festnehmen,

b) Welche Verbindungen kann man getrennt und zusammenschreiben? Erkläre bei zwei Verbindungen die jeweilige Schreibweise durch ein Satzbeispiel.

c) Was ist damit gemeint?

	Bedeutung
blaumachen	nicht zur Schule, Arbeit gehen
breitschlagen	
gutschreiben	
großschreiben	
hochrechnen	

5 a) Ergänze die Rechtschreibregel:

Verbindungen aus Adjektiv und Verb werden meist ______ geschrieben, wenn sie wörtlich genommen einen Sinn ergeben.

Verbindungen aus Adjektiv und Verb werden ______ geschrieben, wenn man sie gemeinsam nur im übertragenen Sinn verstehen kann.

b) Vergleiche mit dem Lösungsheft.

Aus Verben und Adjektiven werden Nomen

Der FC zog in Dortmund den Kürzeren

Schüler gaben beim Lesewettbewerb ihr Bestes

Rätselhaftes wurde anschaulich erklärt

Ein Scheitern der Verhandlungen wird erwartet

Polizei stellt Einbrecher beim Duschen am Tatort

Zum Auswechseln nicht bereit

Rauchen im Bahnhof ist nicht mehr erlaubt

Topspieler trennte sich im Guten

1 a) Markiere in den Schlagzeilen die Nomen, die aus Verben und Adjektiven entstanden sind.

b) Markiere ihre Begleitwörter. Fehlt das Begleitwort, dann schreibe das „gedachte“ Begleitwort über diese Nomen.

Komma bei Infinitivgruppen mit zu

Nach dem Kinoabend dachte ich noch einmal über alles nach:

Das Gefühl sich endlich entspannen zu können war wunderbar.

Die Idee ins Kino zu gehen war gut.

Meinen Vorschlag die Karten vorzubestellen hätten wir umsetzen sollen.

Der Gedanke in der falschen Reihe zu stehen ist niemandem gekommen.

Die Entscheidung allein nach Hause zu fahren war doch nicht so gut.

1 Ergänze in den Sätzen oben die fehlenden Kommas.

Die Idee	*sie zu küssen*	*war sehr groß.*
Der Gedanke	*ans Meer zu fahren*	*fanden alle toll.*
Der Plan	*Nudeln zu kochen*	*wurde verworfen.*
Die Versuchung	*schwimmen zu gehen*	*wollte ich wahrnehmen.*
Die Gelegenheit	*Spanisch zu lernen*	*wurde genutzt.*
Die Möglichkeit	*tanzen zu gehen*	*fand ich doof.*

2 Setze die einzelnen Satzteile sinnvoll zusammen. Es gibt jeweils mehrere Möglichkeiten.

Die Idee, schwimmen zu gehen, fanden alle toll.

Merke!

Eine **Infinitivgruppe** muss **durch Kommas abgetrennt** werden, wenn sie von einem Nomen abhängt, z. B.: *Janas Vorschlag, eine Party zu machen, wurde besprochen.*

Sprache untersuchen

Wortarten und Wortbildung

1

nützlich   Benutzung   nutzen
nutzbar   nutz   benutzen
nutzlos   Abnutzung   Nützlichkeit   abnutzen

a) Zerlege die Wörter durch senkrechte Striche in Wortbausteine.

b) Markiere den Wortbaustein, der zur Bestimmung der Wortart eine Hilfe ist.

2 Ordne die Wörter in die richtige Spalte ein. Achte auf die Groß- und Kleinschreibung.

VERSUCHUNG   ERTRÄGLICH   ENTFERNEN   ARBEITER   ÄRGERNIS
GENÜGSAM   UNFASSBAR   HANDELN   ANSTÄNDIG   WAHRHEIT
HEITERKEIT   AUFHELLEN   ENDLOS   AUFLÖSEN   LANGWEILEN

Nomen	Adjektiv	Verb

3 Ergänze die Tabelle durch passende Wörter aus der Wortfamilie.

Nomen	Adjektiv	Verb
der Vertrag	verträglich	vertragen
	wunderbar	
		trauern
der Bestand		
die Klage		
		erholen
		zürnen
die Bewegung		

Starke Herzen

Die durchschnittliche Lebenserwartung von Frauen ist bekanntlich höher als die von Männern. Sie werden im Schnitt fünf Jahre älter. Der Grund dafür: Frauen haben stärkere Herzen. Das behauptet ein Forscherteam der Universität von Liverpool. Ihm zufolge büßen Männer mit zunehmendem Alter bis zu einem Viertel der Pumpkraft ihres Herzens ein. Bei Frauen kommt es nicht zu diesem Leistungsabfall. Männer müssen sich mit diesem Schicksal aber nicht abfinden. Wenn sie regelmäßig Sport treiben, wird ihr Herz frauenstark.

4 Suche im Text weitere Beispiele und schreibe sie dazu.

abstrakte Nomen: die Erwartung ______

Adjektive in der Steigerungsform: höher ______

Verben in der Grundform (Infinitiv): büßen ______

Pronomen: sie ______

zusammengesetzte Nomen: ein Forscherteam ______

5 In einem Satz findest du eine Konjunktion. Markiere den Satz.
Stelle den Satz um, sodass die Konjunktion nicht mehr am Satzanfang steht.

______

6 Bestimme die Wortart der im Text unterstrichenen Wörter.

Schlauer Fuchs

Das <u>älteste</u> Haustier des Menschen, der gezähmte Wolf, wurde offenbar nicht ausgewählt, <u>weil</u> er so schlau ist. Füchse sind angeblich von Natur aus viel begabter, menschliche <u>Gesten</u> zu deuten, als jeder Wolf. Zahme Füchse auf einer Pelztierfarm haben <u>menschliche</u> Hinweise auf Futter ebenso gut verstanden wie Hundewelpen. Und das, <u>obwohl</u> Haushunde bereits seit 12 000 Jahren <u>Umgang</u> mit Menschen haben und durch Züchtung ihr instinktives Verstehen von Befehlen <u>gefördert wurde</u>.

______
______
______
______
______
______
______

Fachbegriffe und Fremdwörter

Checkliste – Alles klar am Rad?

Wer auf Radtour geht, sollte sich sein Rad etwas gründlicher anschauen. Das könnte viel Ärger und die Suche nach Reparaturwerkstätten ersparen.

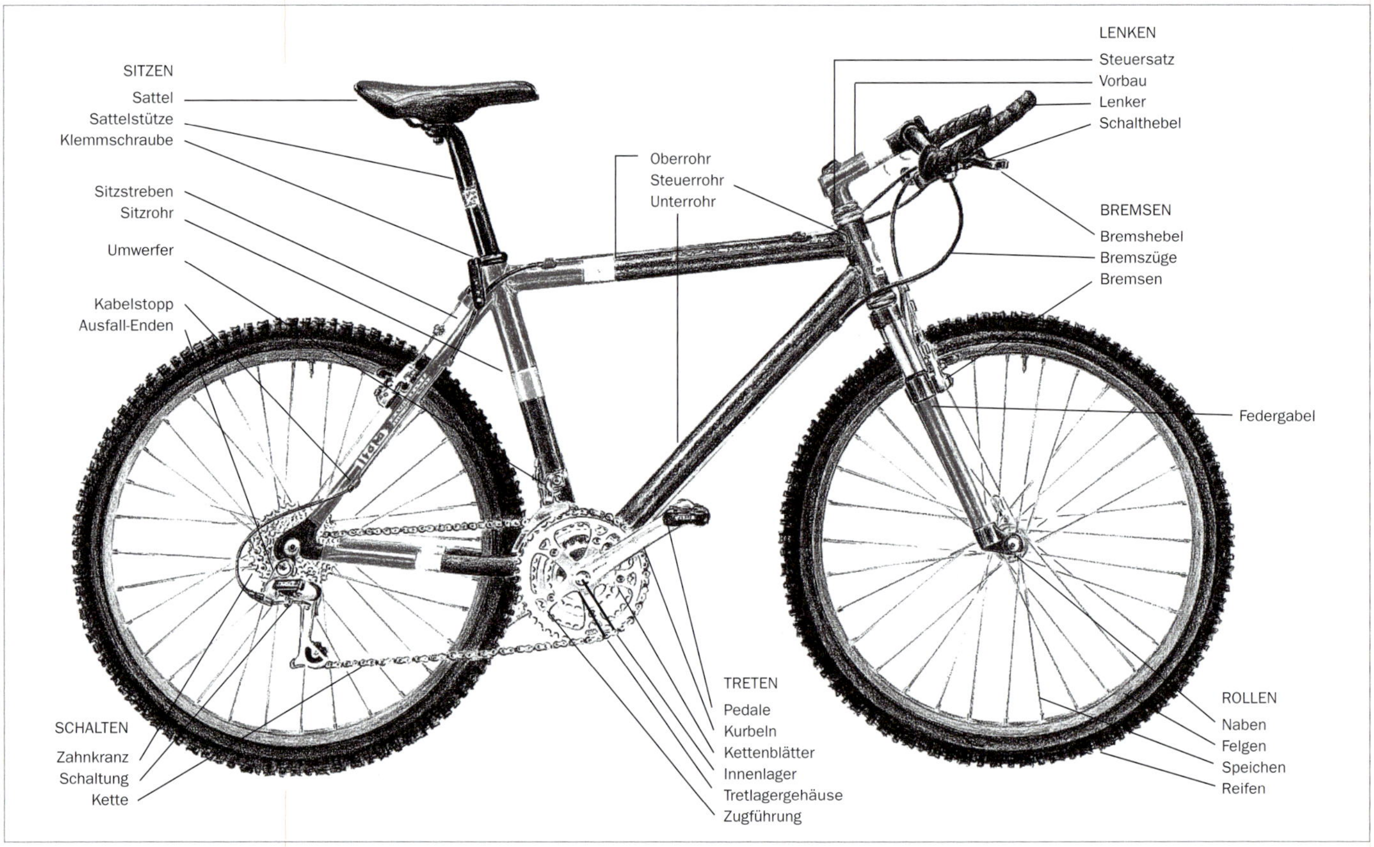

- ☐ Sind Lagerschalen und Kugeln in Ordnung und ausreichend gefettet?
- ☐ Sind Bremsarme und Bremsgummis richtig justiert?
- ☐ Keine angerissenen Bowdenzüge und -hüllen, keine Knickstellen?
- ☐ Lassen sich alle Gänge exakt schalten?
- ☐ Ist das Reifenprofil ausreichend?
- ☐ Sind keine Risse im Mantel?
- ☐ Gleichmäßige Spannung der Speichen, kein Höhen- oder Seitenschlag?
- ☐ Ist die Kette noch gelenkig und geschmiert?
- ☐ Sind die Zähne der Kettenblätter und das Ritzel schon zu sehr abgenutzt?

1 a) Der Text enthält sehr viele Fachbegriffe, aber nur wenige Fremdwörter. Suche eine deutsche Umschreibung für die Fremdwörter.

Checkliste: ______________________________

Radtour: ______________________________

Reparatur: ______________________________

b) Welchen Vorteil hat in diesen Fällen die Verwendung des Fremdwortes?

____

2 Kläre mit Hilfe des Wörterbuches.

justieren: ______________________________

____

Bowdenzug: ______________________________

____

Ritzel: ______________________________

____

3 Fachbegriffe bestehen oft aus Wörtern, die man im Alltag auch in einem anderen Zusammenhang verwendet.

die Lagerschale *das Lager – die Schale*

Zerlege ebenso.

die Bremsarme: ______________________________

der Höhenschlag: ______________________________

die Kettenblätter: ______________________________

4 Einige der Fachbezeichnungen im Text sind – aus dem Zusammenhang gelöst – mehrdeutig. Ergänze die Tabelle.

Wort	beim Fahrrad	andere Bedeutung
Mantel	*Reifenhülle aus Gummi oder Textil*	*Kleidungsstück zum Überziehen*
Gänge	*Schaltstufen*	
Profil	*Rillenart und -tiefe der Reifen*	
Zähne	*die einzelnen Spitzen am Zahnrad*	

5 Versuche, die Entstehung einiger Fachwörter zu erklären.

Der Reifenmantel umhüllt und schützt den Reifen so wie …

____

____

____

____

____

Adverbiale Bestimmungen

Wann?	In den letzten Jahren findet das Klettern immer mehr Anhänger.
Wo?	Kletterwände und Hochseilgärten gehören vielerorts zum gefragten Freizeitangebot.
Wie?	Klettern fördert auf natürliche Art und Weise den Gleichgewichtssinn und die Gelenkigkeit.
Wann?	Es stärkt die Muskeln und in kurzer Zeit wird der ganze Körper trainiert.
Warum?	Vielen geht es aber darum, Grenzerfahrungen zu sammeln, um Ängste zu überwinden.
Wie?	Klettern vermittelt hautnah das Erlebnis, gegen die Schwerkraft anzukämpfen.
Wie?	Eine Wand aus eigener Kraft zu bezwingen kostet Überwindung.
Warum?	Der Erfolg vermittelt ein Hochgefühl und stärkt dadurch das Selbstbewusstsein.
Wie?	Klettern ist aber auch ein Teamsport, bei dem man sich ohne Zaudern aufeinander verlassen muss.
Wo?	Beim gegenseitigen Abstützen auf meterhohen Balken lernt man, Vertrauen zu geben und Verantwortung zu tragen.

1 Unterstreiche in jeder Zeile den Teil des Satzes, der die Frage in der Randspalte beantwortet.

2 Ergänze die Tabelle.

Merke!
Satzglieder, die nähere Angaben zu einem Geschehen machen, heißen **adverbiale Bestimmungen.**

Satzglied	Fragewort
adverbiale Bestimmung der Zeit	*wann?*
adverbiale Bestimmung des Grundes	

3 Denke dir zu allen vier adverbialen Bestimmungen je zwei Beispielsätze aus und schreibe sie auf.

In der letzten Zeit ...

Konjunktionen nutzen

Warum soll ich lesen? Ich kann doch surfen!

Ich finde das Internet besser, weil es im Internet mehr Informationen gibt. Außerdem ist das Internet billiger als ein Buch! ... Das Internet ist immer aktuell im Gegensatz zu Zeitschriften. Man kann sich heute eine Zeitschrift kaufen und morgen braucht man sie nicht mehr, weil es dann wieder andere Informationen gibt ... *Viviane*

Ich lese lieber ein Buch, weil ich das Buch überall mit hinnehmen kann und den Computer nicht, da man einen Anschluss fürs Internet braucht. Und wenn man ca. eine Stunde vor dem Computer sitzt, tun den meisten Menschen die Augen weh ... *Yasemin*

Obwohl ich einen Internetanschluss habe, lese ich gerne Bücher. Manchmal macht es einfach mehr Spaß, ein Buch zu lesen, als stundenlang im Internet zu surfen ... Das Internet kann auch ganz schön teuer werden, wenn man z. B. den ganzen Tag vor dem PC sitzt ... *Jamie*

... Das Surfen ist viel zeitsparender. Man gibt ein Stichwort zum gesuchten Thema ein und schon kommen meist mehrere Texte zum Vorschein ... Durch eine Vielfalt von Informationen ist es möglich, ein Referat besser und reichhaltiger zu gestalten ... *René*

1 Lies die Stellungnahmen zum Thema „Buch oder Internet“.
Trage die darin genannten Punkte stichpunktartig in die Tabelle ein.

Pluspunkt Buch/Zeitschrift (+)	Pluspunkt Internet (+)

Minuspunkt Buch/Zeitschrift (–)	Minuspunkt Internet (–)

Merke!
Konjunktionen (Bindewörter) sind z. B.: als, nachdem, weil, obwohl, sodass, indem …

Merke!
Der **Nebensatz** ist dem Hauptsatz **untergeordnet** und wird meist durch eine **Konjunktion** eingeleitet.

Merke!
Der Hauptsatz wird vom Nebensatz durch **Komma** abgetrennt.

A Ich finde das Internet besser, weil es im Internet mehr Informationen gibt.

B Obwohl ich einen Internetanschluss habe, lese ich gerne Bücher.

2 a) Vergleiche den Satzbau dieser beiden Aussagen. Markiere die Konjunktionen. Unterstreiche den jeweiligen Hauptsatz.

b) Was will der Nebensatz jeweils ausdrücken?

Einschränkung – Gegensatz – Grund – Folgerung

Satz	Konjunktion	Aufgabe des Nebensatzes
A		
B		

c) Unterstreiche in den Stellungnahmen auf Seite 77 die Sätze, die ebenfalls Konjunktionen enthalten.

3 Die Konjunktion *weil* wird sehr häufig verwendet. Durch welche zwei Konjunktionen könntest du sie ersetzen? Umrahme sie.

sodass – aber – denn – obgleich – anstatt – doch – da

Forme zwei Sätze mit *weil* aus den Leserbriefen um. Verwende dazu andere Konjunktionen, der Sinn der Aussage soll sich nicht verändern. Achte auf das Komma zwischen Hauptsatz und Nebensatz!

4 Suche in den Stellungnahmen eine Textstelle, an der du das Wort *aber* einfügen könntest. Schreibe die Möglichkeit auf und überlege, ob sich dadurch der Sinn der Aussage verändert.

Welches andere Wort könntest du an Stelle von *aber* verwenden?
Probiere eine Möglichkeit aus.

5 Was ist deine Meinung zu dem Thema? Notiere Stichpunkte in dein Heft.

Tipp
Du kannst dazu eine Tabelle anlegen wie auf S. 77 unter Aufgabe 1.

6 a) Schreibe eine eigene Stellungnahme zu dem Thema.
Achte besonders auf passende Begründungen und verwende dazu geeignete Konjunktionen.

b) Überprüfe, ob du zwischen Hauptsatz und Nebensatz ein Komma gesetzt hast.

Texte sprachlich überarbeiten

Der unerwünschte Passagier (Zusammenfassung)

„Der unerwünschte Passagier“ ist eine Kurzgeschichte von W. Altendorf. Die Kurzgeschichte handelt von einem Flug (?). Bei dem Flug kommt es fast zu einer Katastrophe (?). Ein junger Mann, der ein Flugticket (?) bei sich hat, steht auf dem Flugplatz. Der junge Mann sieht heruntergekommen und ausgehungert aus. Die Passagiere müssen ihre Plätze einnehmen. Die Passagiere finden den jungen Mann abstoßend (?). Der junge Mann ist begeistert von der Maschine. Der junge Mann hat (?) ein Flugzeug geflogen.

1 Der Text klingt durch Wiederholungen teilweise unbeholfen. Ersetze die unterstrichenen Wörter durch passende Pronomen. Schreibe sie in die Randspalte.

2 a) Einige Informationen fehlen. Formuliere Fragen zu den Textstellen, die mit Fragezeichen versehen sind.

b) Überlege, an welche Stelle die folgenden adverbialen Bestimmungen passen, und schreibe den Kennbuchstaben über die entsprechende Textstelle.

(A) für diesen Flug (B) nach Amsterdam (C) früher im Krieg
(D) wegen des Ausfalls der Crew (E) wegen seines Aussehens

3 a) Auch durch das Verknüpfen von Sätzen kannst du Wiederholungen vermeiden und der Text klingt flüssiger. Unterstreiche Sätze, die eng zusammengehören, in der gleichen Farbe. Probiere das Verknüpfen der Sätze mündlich aus.

b) Schreibe den Text vollständig überarbeitet in dein Heft.

4 In diesem Text sind einige Sätze unvollständig. Markiere diese Textstellen durch einen senkrechten farbigen Strich.
Schreibe auch diesen Text in überarbeiteter Form in dein Heft.

Das Passagierflugzeug ist schon etwa eine Stunde unterwegs, als es dem Flugkapitän und der ganzen Crew plötzlich übel. Die Maschine schwankt und Panik unter den Passagieren. Aber der junge Mann greift ein. Er übernimmt das Steuer und eine sichere Landung. Der junge Mann wird gefeiert. Die Leute bejubeln ihn, denn sie verdanken ihr Leben.